ヒル先生、思考は現実化するって、本当ですか？

お金と願望実現の専門家
市居愛

PHP

はじめに
ヒル先生がやってきた

思考は現実化する。
この言葉を聞いてどう思われますか？
そんなわけはない。
できるはずがない。
人生はそんなに甘いもんじゃない。
そう思われるかもしれません。
かくいう私も、この言葉の意味をまったく信じておらず、

だったらなんでこんな現実なんだ？

そう思っていた1人でした。
なぜなら、当時の私には望まないことばかりが起きていたからです。

育児と仕事の過労からメニエール病になり、
勤めていた会社を辞めざるをえない状況に。
退職して少し休もうと思ったら、リーマンショックの影響で夫の会社も倒産。
夫婦無職で1歳の子どもを抱えながら、住宅ローンに悩まされる日々……。

望んだわけでもないのに起きる現実。
人生は予期せぬことの連続であり、
自分の思考でコントロールすることなんてできない。そう思っていました。

そんなある日のことです。
早朝に目が覚めた私は、リビングの本棚をぼんやりと見つめていました。
すると、今までまったく読む気がしなかったぶ厚い本が一瞬、
ギラっと光り輝くのを感じたんです。

ヒル先生がやってきた

「あぁ、これは先輩に勧められた本だ……」
私は思わずその本を手にとりました。
2年前、私が仕事で悩んでいたときに
会社の先輩に読むようにと言われて買った本。

世界累計1億冊、
世界でもっとも読まれた自己啓発本で、
世界中の大富豪や著名人がこの本に救われたということでした。

ところが、ハードカバーの分厚さと文字の細かさに圧倒され、
当時の私ははじめの数ページしか読むことができませんでした。
その後は、棚のわりといい位置で
2年間、手にとられることもなく鎮座《ちんざ》していた本。

その本のタイトルは『**思考は現実化する**』でした。

「思考は現実化するだって？　そんなわけはない。

そんなことができたら苦労しない……。
私はこんな現実を望んでいない。
もっと穏やかで落ち着いた生活を望んでいるんだ」
そう思った私は、本を棚に戻そうとしました。その時です。

「本当だよ」

斜め後ろ45度の方から、声が聞こえたような感覚がありました。
あれ？　と思った私は、思わず手に持っていた本の表紙を見ました。
そこには、白髪でメガネをかけた堅物《かたぶつ》そうなおじいさんが、
何やら不思議な雰囲気で遠くを見つめています。

「本当ですって？　思考が現実化するって、本当なんですか？」

「本当だよ」

間髪《かんはつ》入れずに即答してくる声。

その感覚に驚きながらも、私は続けて質問をしてみました。
本当だというなら答えてくださいよ。
なんで私には望まない現実が起きているんですか？
私も夫も仕事を失いました。体調もよくありません。
本当は娘とゆっくりしたいのに、現実はそんなに甘くない。
どうしたら、望む思考を現実にすることができるんですか？

頭の中でそうつぶやきながら、その本を手に持ち、
そして、直感的に本を開き、
そのページをのぞきこんでみました。
そこには次のように書かれていました。

「心配事をさらに増長させたいなら、
じっと座ってひたすらその心配事のことを考えてやることだ。
思考は力（エネルギー）であることを忘れてはならない。
つまりこれは、心配事に力を貸すことになる。

そうすると心配事は心中深く根を張り、
心の栄養を吸い取ってしまうのだ。
心配事をつぶし、根こそぎ抜き取ってしまうには、
心配事に対する反応を何らかの建設的活動に転換してしまうことだ。
活動することによって、心はその活動に集中する。
たとえ少しの筋力でも使うことは、
心を休ませることになる。」

『新装版　思考は現実化する』３４７ページより
（ナポレオン・ヒル著／田中孝顕訳／きこ書房）

そうか、考えれば考えるほど、お金の心配は増えていくのか。
思考はエネルギーなんだ。
だとしたら、望まないことは考えずに、
望むことを考えて手を動かさなくちゃいけないんだ。

その瞬間、

これまで頭の中で連呼されていた「お金が足りない、どうしよう」という声が
少し静かになっていくのを感じました。
そして、お金が足りないと考えるのをやめて、
お財布や通帳の中身を見直して、お金を整えはじめたのです。

以来、私は困ったことがあると
『思考は現実化する』の本を手に取り、
著者のナポレオン・ヒル先生に相談するようになりました。

あるときはお金の不安を、
あるときは家族の問題を。
困ったことがあるたびに、
ヒル先生に助けを求めたのです。

その結果、私は
自分の思考を現実化できるようになりました。

以前の私の状況はこうでした。

- 仕事の過労でメニエール病を発症
- 病気のせいで勤めていた会社を辞めることに
- 同時期に、夫の会社が倒産
- 2000万円の住宅ローンを抱える
- ある日突然、夫婦ふたりで無職になる

しかし、

ヒル先生の教えを学んでから

- 起業1年目で年商1000万円を達成
- 2社の会社を経営するようになる
- 身体は健康で風邪もひかなくなる
- 大好きな仕事と仲間に囲まれる
- 夢だった本を出版する
- 家族4人で世界一周の旅に出る
- 海外へ子どもの教育移住をする

望むことは何でも現実にできるようになったのです。
今では、お金と願望実現の専門家として、
こうして本まで書かせて頂いています。

では、どうしてこんなに変われたのか？
それは、ヒル先生が提唱する
願望実現の法則を実践してきたからです。
ヒル先生の教えを聞き、実践する。

これだけで人生が180度変わったんです。

私だけではありません。私と同様に、ヒル先生の教えを実践し、
思考が現実化できるようになった方たちからは、
次のような声が寄せられています。

- 娘の不登校に悩んでいたけれど、
  私が願望を持ち始めた途端に、すべての出来事が好転。
  娘は学校に行き出し、

私も大好きな仕事で2倍の結果を出せるように！

● これまでやりたいことが見つからず、何をやっても続かなかったのに、
今ではやりたいことが明確になり、
それを確実に叶《かな》えられるように！
夫婦関係もよくなり、
望んでいた暮らしが現実になった。

● 稼ぎが少なく、貯金もない。
お金の不安で夜も眠れなかったのに、
ヒル先生の教えを実践しはじめたら
理想の会社に採用されて、お給料は5万円もアップした。

そして、私は今でもヒル先生と対話を続けています。

「難しいことはムリ！」
「こんなぶ厚い本は全部読めない」となっていた私も、
少しずつ、ヒル先生の言葉を実践したおかげで、

望む思考を現実化できるようになりました。

そこで、この本では、
『思考は現実化する』を手に取り、
ヒル先生に相談するようになった頃の「私」を主人公に、

自分の思考を現実化して、
望む人生を生きるために
何をやっていけばいいのか、
をわかりやすく紐解《ひもと》いていきます。

本書を通じて、
あなたも
思考が現実化していく不思議を
体験してみてください。

ヒル先生、「思考は現実化する」って、本当ですか？

もくじ

第2章 願望を「はっきり」させる

第3章

期限を決めて計画を立てる

第4章

これが一番大事！4点を紙に書いて1日2回読む

第5章
いざ実践！ 不安な気持ちを乗り越える

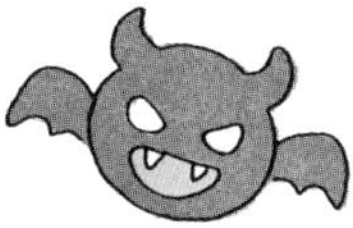

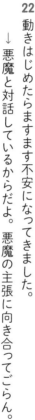

第6章 直感を信じて進め！

プロローグ

私　ヒル先生、私『思考は現実化する』をちょっと実践してみたら、本当に現実になったんですよ。ちっちゃなことなんですが、行きたいなと思った場所に行けたりして、願いが叶うようになってきたんです。それを友人たちに話したら、みんなもとても興味を持ってくれて。
　だから、私、どんどん実践してみることに決めました。でも、本を読んでもまだまだ疑問がいっぱいあって。だから、みんなの代表として、質問をさせてください。そして、今の私たちにわかりやすい言葉で教えてくれませんか？

ヒル　もちろんだよ。私の本は発売から100年近くがたっているからね。そろそろ、新しい形で話したいと思っていたところだよ。

私　そうなんです。私も友人たちも『思考は現実化する』が大好きなんですが、ちょっと時代が古いと言いますか……。エジソンさんやフォードさんを例に出されても、ちっともピンとこないんですよ。

ヒル　わかったよ。現代に合った言葉で話そう。はじめるにあたって1つ提案がある。この本は自分自身のために書かれたものだと思って読んでほしい。気になる部分があれば、「**これは私にとってどんな意味があるのだろう？**」と自分に問いかけてみるんだ。そして、アイデアが浮かんだら、ぜひ行動に移してほしい。読み進めることで、人生が大きく変わることを体験してほしいんだ。

私　読みながら行動するんですね。

ヒル　そうだよ。ただ読むだけでなく、気になったところはその都度、行動に移してほしい。**思考を変えるだけで人生が変わることを実感してほしい**んだ。君たちは今、自分の人生を向上させていく大切な話を聞こうとしているんだ。君たちが耳を傾けてくれるなら、私も話し続けるよ。

さぁ準備ができたらはじめよう。

装丁 ● 小口翔平＋須貝美咲（tobufune）
本文デザイン ● 野田明果
イラスト ● 鈴木衣津子
企画立案 ● 越智秀樹、美保（ＯＣＨＩ企画）
制作協力 ● 株式会社エス・エス・アイ
ナポレオン・ヒル財団アジア太平洋本部
編集・構成 ● つむぎ句実（アムツム企画）
編集担当 ● 中村悠志（ＰＨＰ研究所）

第1章

ヒル先生、これって思考が現実化しているんですか？

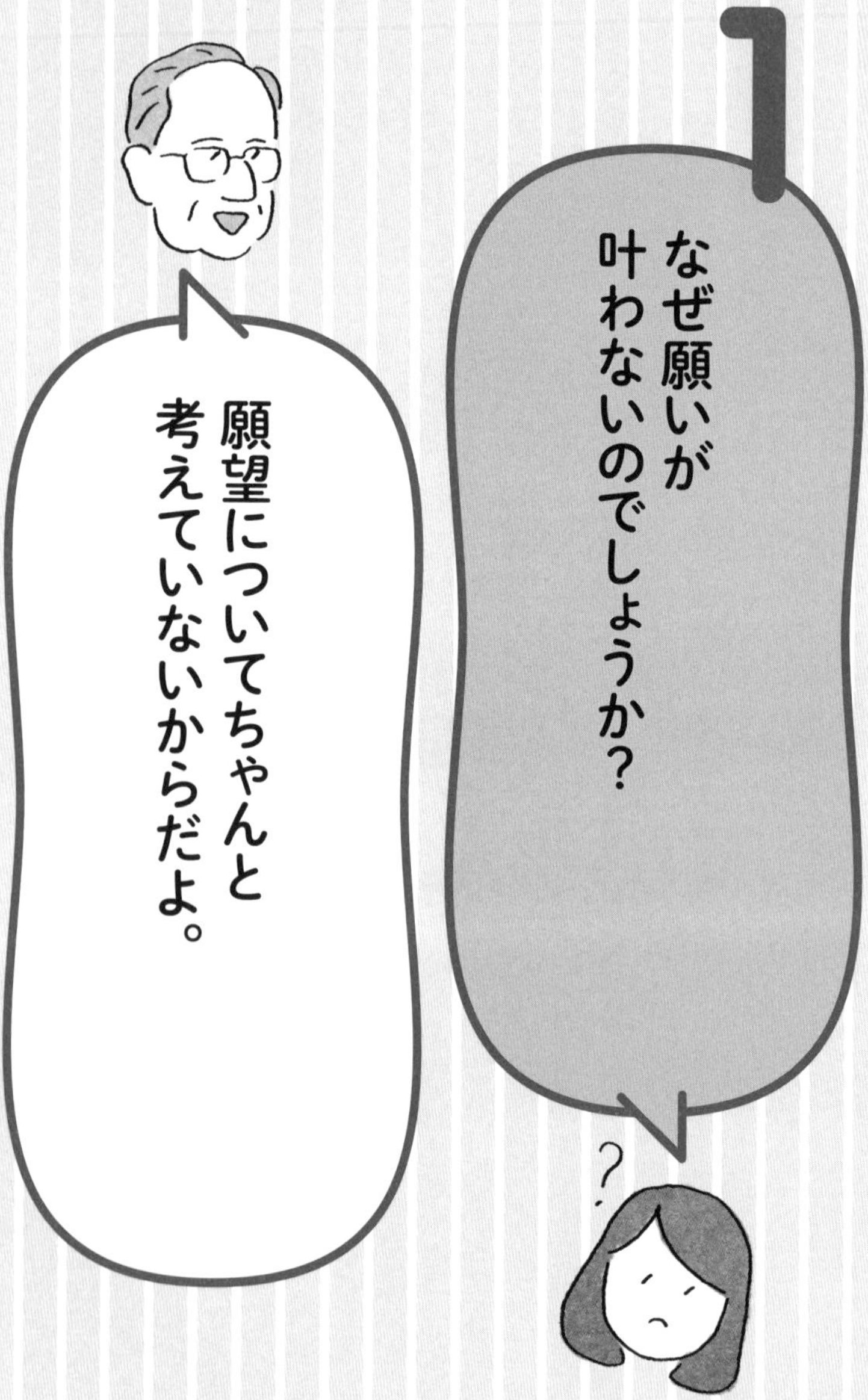
なぜ願いが叶わないのでしょうか?
願望についてちゃんと考えていないからだよ。

私　ヒル先生、さっそくですが、はじめの質問は、なんで私たちの現状が思い通りにならないのか？　ということです。収入を上げたいのに、実際には上がらない。子どもと穏やかに過ごしたいのに、実際には怒ってしまう。夫と仲良くしたいのに、実際には喧嘩《けんか》してしまう。これって何か理由があるんですか？

ヒル　うーん、原因はいくつかあるんだけどね。1つは、君たちが「願望」について考えていないことが大きな要因だよ。

私　私たち、願望について考えていないんですか？　でも、願望はちゃんとあると思うんですけど！

ヒル　**願望はただ持っているだけでは現実化しない**んだよ。「こうなりたい」「こうしたい」と思っただけでは実現しないんだ。願望を日々考え、信じることで現実になるんだよ。

私　もう少し詳しく教えてください。

ヒル　例えば、大谷翔平くんを知っているよね？　彼は小学生の頃から「アメリカのプロリーグで活躍する」という願望を持っていたんだ。練習をサボりたくなる日もあったが、願望が彼を突き動かし続けた。彼が自己管理を怠《おこた》らずあそこまで熱心に取り組むことができたのは、まぎれもなく願望のおかげだよ。

私　でも、私たち一般人と大谷くんを比べられても困りますよ。大谷くんの活躍は彼の才能のおかげじゃないんですか？　願望だけで実現できるもんなんですか？

ヒル　そうさ。大谷くんも普通の人も同じなんだよ。もちろん才能も大事だけど、願望がなければ何もはじまらないんだ。すべては願望からはじまるんだ。大谷くんがどれほど才能を持っていても、プロ野球で活躍したいという願望を持たなければ、その世界に足を踏み入れることはなかったはずだよ。**願望は、すべての現実の種**なんだよ。

私　確かに、大谷くんは高校生の頃に自分の人生設計を書いていた話が有名ですよね。20歳から70歳までの1年ごとに自分が達成することを書いていて、それが実現していると聞きました。

ヒル　そうそう。彼は毎日願望について考え続けたんだ。勝つためにはどうしたらいいかを真剣に考えて練習したんだよ。そして、その願望を心の底から信じるようになったんだ。結果として、彼が書いたことはすべて現実になったんだよ。

私 なるほど……。

ヒル 願望は持っているだけでは芽が出ないんだ。願望について考え、心の奥底で確信し、疑わずに信じることで現実になるんだよ。ちなみに、大谷くんに人生設計を描くことを提案したのは彼の高校時代の野球部の監督だったんだ。その監督は私の本を読んだんだよ。私の言葉が彼に届いたんだ。

私 え? 監督がヒル先生の『思考は現実化する』を読んだんですか!? それで、大谷くんに人生設計を書くことをすすめて、それが実現したんですか?

ヒル はっはっは(笑)。そうだよ。私も非常に誇らしいよ。

私 ちょっと信じがたいですが(これは実話です)。じゃあ、私たちの生活についてはどうですか? なぜ私たちは望まない現実を叶えてしまっているんですか?

ヒル 今起きていることは、**君たちが願望について考えなかった結果だよ。望む**

現実について考えなかった。考えないから信じることもできなかった。だから現実にならなかったんだ。この世界は君が思うよりもずっとシンプルにできているんだ。

私　……。

ヒル　まずは、願望について「考える」習慣を持つことだよ。この世で一番大切な習慣なんだ。ただ漠然と思うことではなく、自分が何をしたいのか、どうありたいのかを真剣に考え、明確にする必要があるんだよ。

私　具体的にはどうしたらいいですか？

ヒル　まずは、自分が毎日何を考えているのか、何を望んでいるのかを客観的に観察してみるといい。自分自身を見つめ、自分が望む未来について考えてみよう。

ここまでのまとめ

- 私は自分の願望について考えていない
- だから望まない現実を叶えてしまっている
- 願望について考える習慣を身に付ける必要がある

やってみること

自分が何を考え、何を望んでいるのかを書き出してみる

2
考えていることすべてが現実になってしまうんですか？
自分が繰り返し考えて、信じていることが現実になるんだよ。

私　ヒル先生、自分がいつも何を考えているのかを書き出してみました。友人たちにも一緒にやってもらいました。

ヒル　どうだったかな？

私　予想以上にひどかったです。私も友人たちもほぼ願望について考えていませんでした。ヒル先生から願望が大切だと聞いていたので、それなりに意識していたつもりでした。でも、1日を通して繰り返し考えていることは、ネガティブで否定的なことばかりでした。

ヒル　例えばどんな言葉だったかな？

私　「無理だ」「お金がない」「自分にはできない」「時間がない」「疲れた」「家事めんどくさい」「またうるさいこと言っちゃった」「私のバカバカ」こんな感じです。書き出してみると、願望なんてほぼ考えていないことがわかりました。現状に対する嫌な気持ちや心配ばかりつぶやいていました。

ヒル　そうそう。いいことに気づいたね。**君たちが望まない状況にあるとしたら、それは毎日の思考が原因になっているんだよ。繰り返し考えていることや感じていること、信じていることが、現実に影響してくるんだ。君の人生**

は君の思考をそのまま映し出したものなんだ。

私　じゃあ、否定的に考えていることが、すべて現実になってしまうんですか？

ヒル　考えることすべてが現実になるわけではないよ。君たちが心の深いところで確信し、信じていることが現実になるんだよ。

私　信じていることが現実になる？

ヒル　そうだ。信念とも言うよ。思考は、ただ考えているだけでは現実にはならない。自分が心の底から「そうなるだろう」と確信した「信念」が現実になるんだよ。

私　ふーん。わかるようなわからないような……。

ヒル　まずは頭の中の否定的なおしゃべりをやめること。自分をいじめるような言葉は、絶対に言わないことだ。否定的なことを繰り返し考えることは、そうなるようにと自分に言い聞かせているのと同じことだからね。

私　うーん、なかなか難しいですね。だって、いつだって心配なことってあるじゃないですか。例えば、「子どもが危険な目にあったらどうしよう」って親なら誰もが思いますよね？　それも考えないほうがいいんですか？

ヒル 君はそのとき、「子どもが危険な目にあう」ということを信じてる?

私 うー、「信じてる」というよりは、先に危険を予測してその心配が現実にならないようにと考えてるかもしれません。

ヒル そのあと、どう行動する?

私 そうですね。子どもに危険がないように対策をしますね。子どもに声をかけたり、自分が駆け寄って守ったりします。

ヒル そのとき君は何を思っている?

私 対策したから、大丈夫だろうと思っています。

ヒル ということは、これで**大丈夫だと信じてる**よね。だから、現実も大丈夫な可能性が高い。

私 なるほど。この場合は現実にはならないのか……。じゃあ、例えば、私たちが何か新しいことに挑戦するときに「自分にはできないかもしれない」と否定的に考えていたらそれは現実になりますか?

ヒル その可能性はかなり高くなるね。毎日「自分にはできない」と繰り返し考えて、自分に言い聞かせていれば、やがて君はその言葉を信じるようになって、できない現実を叶えることになるよ。

私　そうなのかー。じゃあ、さっきの否定的な言葉を毎日自分で言っているなんて最悪じゃないですか。最悪な現実を自分で作ってるってことですよね。

ヒル　そうだよ。「自分にはできない」と**繰り返し考えて信じて**いれば、それは現実になる可能性が高くなる。逆に、「自分にはできる」と**繰り返し考えて信じて**いれば、それも現実になる可能性が高くなるんだ。だから自分をいじめるような否定的な言葉は、できるだけ言わないようにしなくちゃね。

私　なるほど……。

ヒル　今日のところは、頭の中の否定的なおしゃべりに気づいてやめるだけでいいよ。「自分にはできない」「ダメだ」なんて言葉が出てきたら、それ以上続かないように意識するんだ。

私　どうやって続かないようにするんですか？

ヒル　頭の中で「ストップ」と言って、おしゃべりをやめてごらん。一時停止ボタンを押すようなイメージだよ。1回でもやめることができたら、すばらしい。もしも否定的なおしゃべりが続いてしまったとしても、それで自分を責めるようなことはしないでほしい。これはもう、繰り返し時間をかけて練習していくものだからね。

私　わかりました。やってみます。

ここまでのまとめ

- ただ考えるだけでは現実にはならない
- 心の底から信じていることが現実になる
- 頭の中の否定的なおしゃべりに気づくこと
- 否定的な言葉を止めること

やってみること

頭のなかの否定的なおしゃべりに気づいたら、「ストップ」と言ってやめる

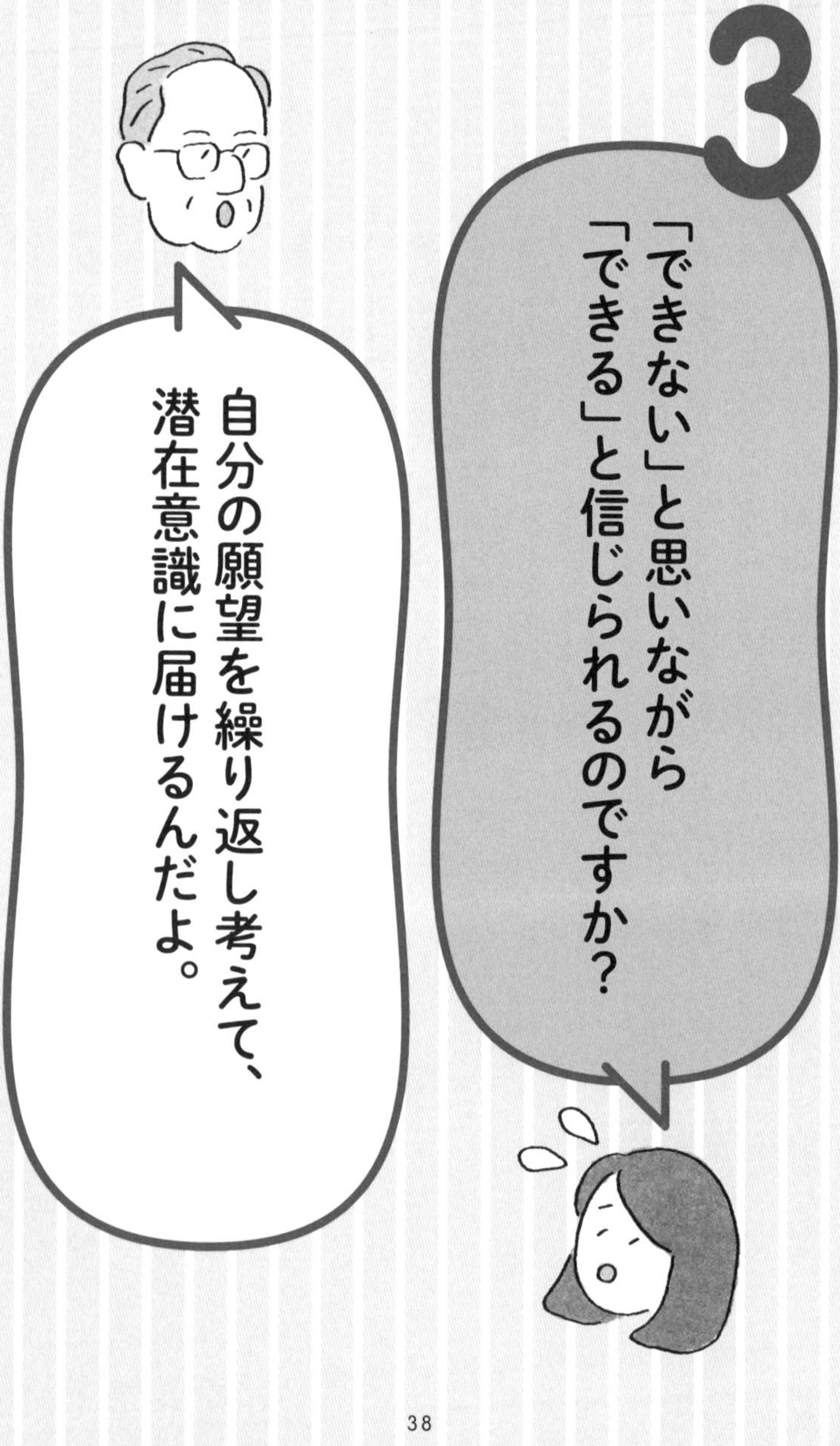
3
「できない」と思いながら「できる」と信じられるのですか？
自分の願望を繰り返し考えて、潜在意識に届けるんだよ。

私 ヒル先生、昨日は1日中頭の中を監視しましたよ。ネガティブで否定的なことを言っていないか、ずっと気をつけていました。

ヒル とても大切なことだよ。忘れずに続けてほしい。

私 でもね、こんな疑問が湧《わ》いてきました。ネガティブな言葉をやめようとしても、それをポジティブに考えるには、ちょっと無理があると感じました。例えば、「自分はダメだ」と信じながら「自分ならできる」と無理やり信じることは難しいですよね。

ヒル そうだね。いきなりポジティブに思い込もうとしてもうまくいかないよね。

私 じゃあどうしたらいいんですか?

ヒル **「本当はどうしたいか、どうありたいか?」という願望について考える**んだよ。「自分はダメだ」と思いながらも、「自分が本当はどうしたいか」については考えることができるだろう? 「自分は子どもを叱ってしまうダメな母親だ」と繰り返し考えて思っていても、「自分は子どもの可能性を信じて見守りたい」と望むことはできる。「自分はスキルがないからお金を稼げない」と繰り返し考えて思っていても、「自分は大好きなことでお金を稼ぎたい」と望むことはできる。
これは何度でも強調したいことだけど、**すべての変化は願望からはじまるんだ。願望はすべての現実の種なんだよ。**

私 はぁー。やっぱり願望からはじまるんですね。

ヒル どんなに辛い状況にあったとしても、自分が「本当はどうしたいのか、どうありたいのか」という望みを持つことが大切なんだよ。頭のなかを望みや希望でいっぱいにするんだ。不安や心配など、嫌な気持ちが入り込む隙間がないくらいにね！

私 ずいぶん簡単に言いますねぇ。

ヒル ははは。複雑にしているのは、君たちかもしれないね。今起きていないから想像することはできない、そう考えていたら、あらゆる望みが叶うことはないよ。**不可能を可能にしてきた人たちは、まわりから不可能だと言われてもなお、願望を持ち続けてきた人たちだ。**

私 でも、それってかなり難しいですよね。朝は満員電車に揺られ、夜の8時まで働き、どんなにがんばっても、収入が増えることはない。いつまでも苦しい生活。そんな状態でも、お金持ちになる未来を想像しろと言うんですか?

ヒル そう、どんな状態であったとしても、望む状態を想像するんだ。毎朝毎晩、自分の願望を繰り返し、繰り返し考え続けるんだ。君たちの願望が明確になれば、否定的な考えは静かになってくる。どんな状態でも願望を叶えることはできる。

私 それはとても知りたいです。

ヒル ところで、「潜在意識」という言葉は知ってたかな?

私 知らない人もいるので説明してください。

ヒル 潜在意識とは、自覚はないけれど、自分の人生に大きな影響をもたらす心の一部のことだよ。「潜在」は「隠れていて確認できない」という意味がある。つまり、自分ではわからない無自覚の意識のことだ。これに対して自分で意識できる思考や感情は「顕在意識」という。つまり、願望は顕在意識で繰り返し考えることで、潜在意識へと届けられるんだ。

私 私たちが自分で意識しているのはごく一部であり、ほとんどは無意識の中

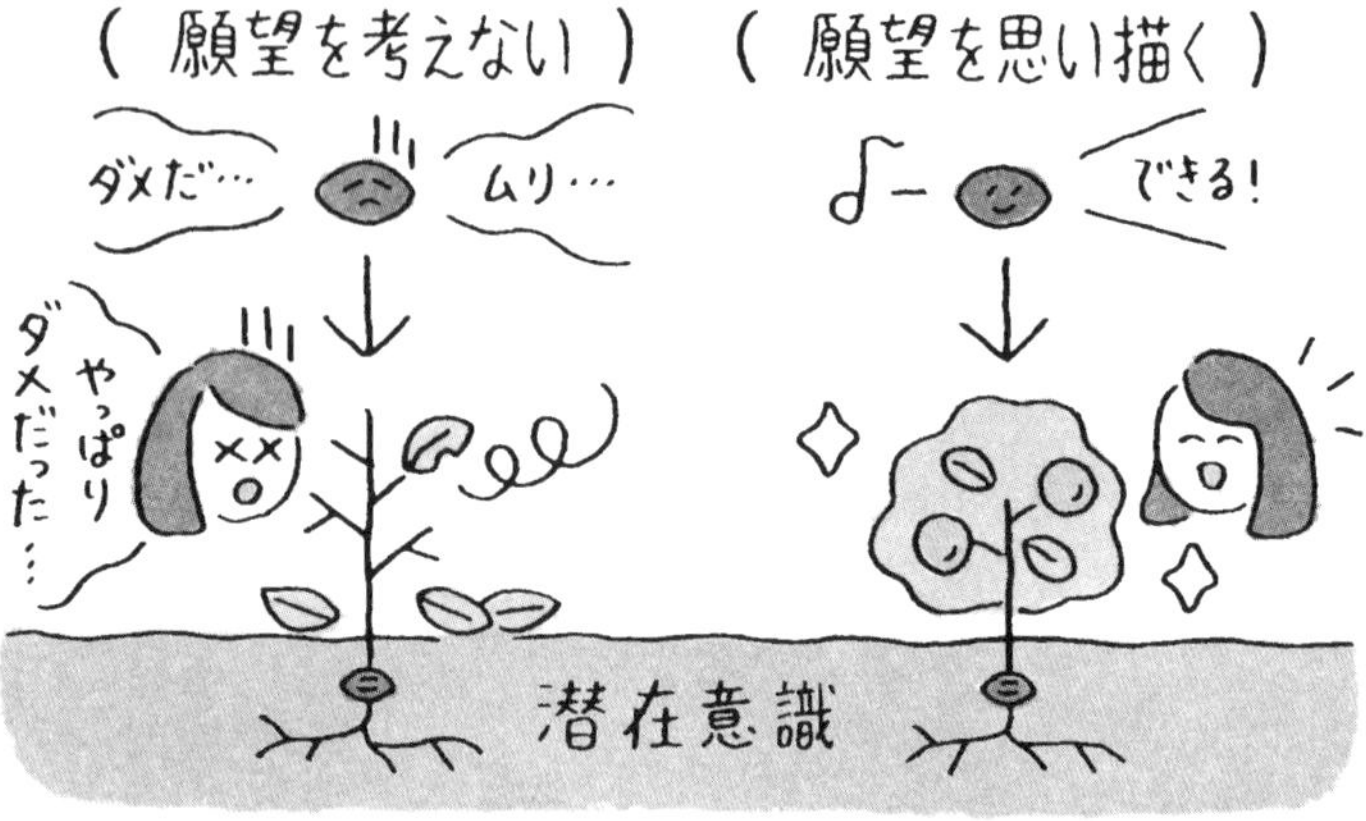

で考えたり感じたりしているということですね。

ヒル　そうだよ。だから最初に、自分の願望を意識的に顕在意識で考えることがとても重要なんだ。そして、その願望の種をまいたら、毎日それについて考えることが大切なんだ。何度も何度も繰り返し、水を与えるように育てていくこと。そうすることで、君の願いは潜在意識に届く。**顕在意識で繰り返し考えた思考は、潜在意識の力で現実化されるんだ**。

私　なるほどなぁ。でも、自分がどうしたいかを考えたり想像したりするのって意外と難しいですよね。方法がわからない。だから自信もないです……。

ヒル 今の段階で、方法はわからなくてもいいよ。大切なのは、自分の心に素直になれるかどうか。自由に願望を持つ自分をみとめ、想像することを許せるかどうか。これについては第3章で詳《くわ》しく教えていこう。

ここまでのまとめ

- どんな状態でも願望を持つこと
- 願望はすべての現実の種である
- 本当はどうしたいのか、どうありたいのかを考える
- 最終イメージを潜在意識に届ける

やってみること

自分が「本当はどうしたいのか、どうありたいのか」を毎日考えてみる

4

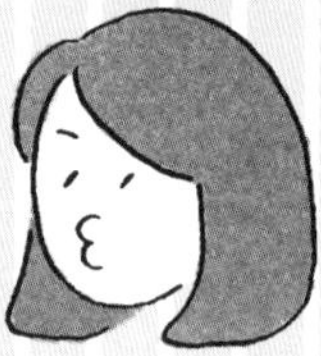

願望はどうやって
現実になるんですか？

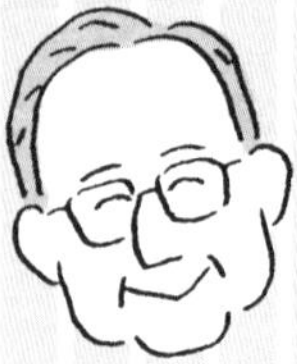

願望は信じて行動することで
現実になる。

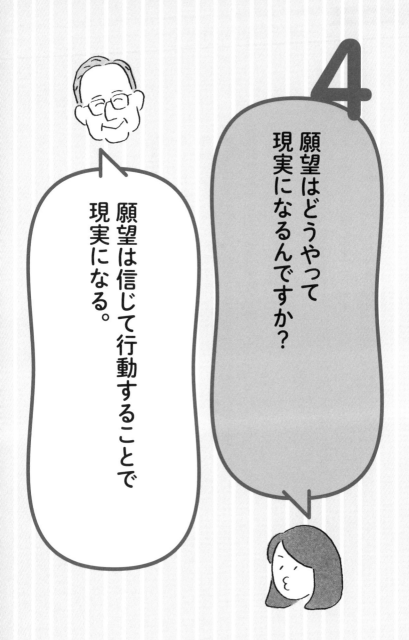

私　ところで、願望はどうやったら現実になるんですか？　これから実践していくにしても、公式みたいなものはないんですか？

ヒル　公式ね。こんな感じかな。

願望を考える×信じる×行動する＝現実になる

願望は考えて信じて、行動することで現実になるんだよ。

私　あれ……、けっこうシンプルですね。

ヒル　うん。シンプルだよ。

私　でも、実践するとなると難しいんですよね。願望を考えること、信じること、行動すること、どれにしたって難しい。ちなみに、この中でも一番大事なことってなんですか？

ヒル　信じることだね。

私　あれ、行動することだと思いました。

ヒル　願望を信じることができれば、行動はついてくるんだよ。君たちは、自分の願望が実現するとちっとも信じていない。だから、行動するにまで至らないんだよね。

私　いや……それが簡単にできたら苦労しないですよ。じゃあ、自分の願望を信じることができれば、自然と行動できるというのですか？

ヒル　そうだよ。行動は、無理して自分を動かすことではないんだ。行動できるときは、自分の考えを信じているときだよ。例えば、何かやりたいことがあるとき、そのことについて前向きに考えて、それが実現すると信じていれば、おのずと行動をとりはじめることができるんだ。

私　うーん。でも、前向きに考えていても身体が動かないときってありますよね。私の友人にブログが書けないと悩んでいる子がいるんです。彼女はブログを毎日書きたいと思っている。でも、書けないんですよ。

ヒル　そうだね。身体が動かないときは、自分の潜在意識が望むことを信じきれていない状態と言えるよ。顕在意識ではできると思っていても、潜在意識は完全に信じていないんだ。だから、身体が動かないんだよ。お友達の場合、ブログを書きたいと意識的には思っていても、心の奥底では自分が本

（潜在意識）
（顕在意識）
自分にはなにもできない…
行動できない
信じていない
考えていない
全然書けない…
ブログを1000字書くぞ！
本当にできるかな？
行動できない
信じていない
考える
ブログを1000字書くぞ！
楽しみ！イメージできる
行動できる
信じる
考える

当に書けると信じていないんだ。だから、どれくらいの時間で何を書き終えるかを想像することができない。これでは、行動するのは難しいよね。

私　なるほどー。行動できないときって、つい自分を責めたりしちゃうんですけど、実は自分自身が願望を信じていないことに気づくことが大切なんですね。確かに、できると信じて、できあがりを想像できているときは、自然と行動しはじめている気がします。

ヒル　その通りだよ。行動できないときは、願望に立ち返って考えることが大切なんだ。

私　願望に立ち返るってどうしたらいいんですか？

ヒル　自分がどうなりたいのか？　何を望んでいるのか？　願望や目標をできるだけ明確に決めることだよ。願望を意識的に繰り返し考えて思い描いて、潜在意識に届けるんだ。願望がはっきりすれば、そのために必要な情報も入ってくるようになる。そうやって、望む状態をイメージできるようになれば、願望を信じられるようになるからね。

私　願望を「明確にすること」と「繰り返すこと」が大事なんですね。そうすれば信じられるようになっていくのか……。

ヒル どんなに願望を持っていても行動しなければ叶うことはないし、どんなに行動していても信じていなければ叶うことはない。**考えること、信じること、行動すること、この3つがそろってはじめて思考は現実化していく。**
これについては、第4章で詳しく説明していくからね。

ここまでのまとめ

- 願望は信じて行動することで現実になる
- 特に「信じる」ことが重要
- 行動できないときは、願望に立ち返る

やってみること

＊行動できないときは、願望を再確認してみる

＊願望を繰り返し考えて、潜在意識にしっかりと届ける

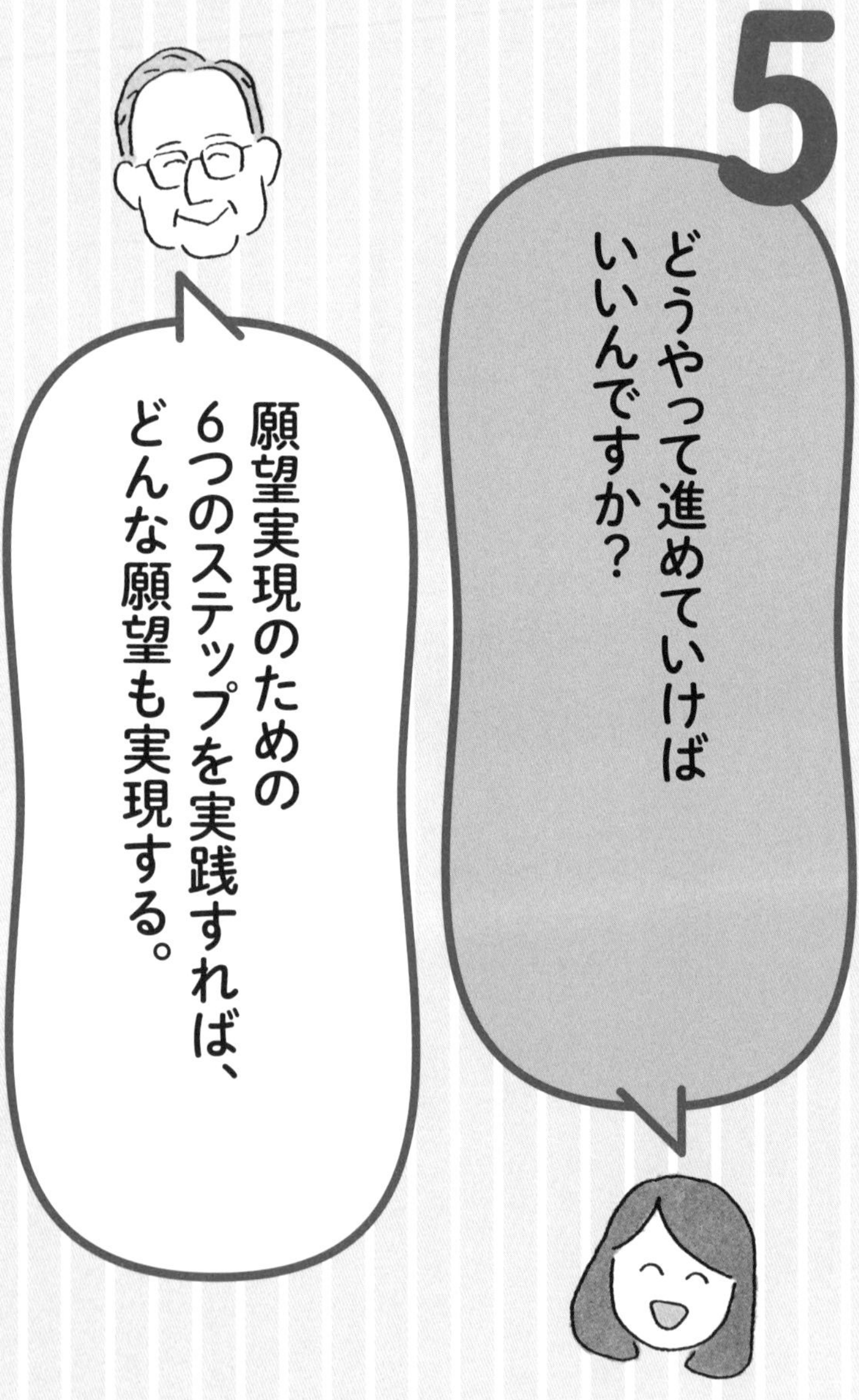
5
どうやって進めていけばいいんですか？
願望実現のための6つのステップを実践すれば、どんな願望も実現する。

私　ここまでの話を聞いて、理屈はわかってきたんですが、それを実践するにはどうすればいいですか？　私も友人たちも、今の状況をなんとかしたいんです。ここからどうやって、願望を信じて実現していくことができるんですか？

ヒル　願望実現のための6つのステップを実践すればいいよ。これをすればどんな願望でも実現できるんだ。

私　おぉ、そんな便利な6つのステップがあるんですね！　それ、早く教えてください。

ヒル　願望実現の6つのステップは次の通りだよ。

❶自分が実現したいと思う**願望を明確**にすること。
❷実現したいものを手に入れるために、**代償として何を差し出すか**を決めること
❸願望を叶える**期限**を決めること
❹願望実現のための**詳細な計画を立てる**こと。そして準備が整っていなくても迷わずに行動をはじめること。

❺実現したい願望、代償（差し出すもの）、期限、詳細な計画の4点を**紙に詳しく書く**こと。

❻紙に書いた宣言を毎日2回、起床直後と就寝前にできるだけ**大きな声で読みあげる**こと。

このとき、すでに願望が実現した状態をイメージし、自分自身に信じ込ませることが重要。

私　えーっと、まったくできる気がしないんですけど……。最初の項目からつまずきそうです。これまでの話で、願望について考えることの重要性はわかりましたが、正直言って、自分が何を望んでいるのかがよくわからないんですよ。

ヒル　**願望を明確にする方法がある**んだよ。第2章では、本当の望みを明確にする方法を教えるよ。誰もが生まれたときには願望を叶える力を持っているんだ。でも、大人になる過程で、その力は失われていく。なぜなら、願望を聞き入れてもらえる環境がないからだ。親や学校や社会は、君たちに言われたことをやりなさいと言う。それを従順に受け入れてきた者は、自分で考える力を失っていくんだよ。

私　興味深い話ですね。質問したいことが、たくさんあります。２番目の代償とはなんですか？

ヒル　**願望を叶えるためには、何かを先に手放したり、努力したりする必要がある。それを最初に決めることが大事なんだ**。例えば、家を建てたいのであれば、そのために無駄遣いをやめたり、お金を貯めたりする必要があるよね。新しいスキルを身に付けたいならば、そのために遊ぶ時間を削ったり、勉強をはじめる必要がある。時には何かをやめてみたり、あるいは、はじめてみたりすることで、それに見合った結果を現実化できるんだ。

この世界は実にバランスのとれた世界なんだよ。だから、**代償の法則は バランスの法則**とも言える。これを理解することで、自然の流れに乗って思考を現実化することができるようになるんだ。

私　代償と聞くとネガティブなイメージがありますが、バランスの法則と言われると理解しやすい気がします。この世界はバランスで成り立っているということですよね。その法則を意識する必要があるということですね。

ヒル そうだよ。

私 3番目は、願望を叶える期限を決めること。4番目は詳細な計画を立てることですね。それが大切なことは私も知っています。でも、それができた試しなんてこれまで1度もない。英語の勉強もそうだったし、ダイエットだって……。ヒル先生、それができたら苦労しないんですよ。

ヒル **願望を持つことは現実化のスタートにすぎない**。その願望を現実にできるかどうかは、期限を設定し、具体的な計画を立てられるかにかかっているんだ。

私 それが難しいんですよ。なかなかできない。

ヒル 願望が実現した結果とその過程を具体的に描くんだ。**ポイントは自分の願望がすでに実現した状態を鮮明にイメージすること**だよ。願望実現までのプロセスと結果を同時に鮮明にイメージし続けると、自然と望ましい行動を起こすようになるだろう。これについては第3章で話していくよ。

私 5番目と6番目のステップは？

ヒル 5番目がここまでのステップ4点を紙に書くこと、6番目が起床直後と就寝前にできるだけ紙に書いたことを大きな声で読み上げることだ。この理由と方法については第4章で話していこう。では、誰にもできる方法を授けていくとしよう。

私 うーん。本当に誰にでもできるんですか？　ヒル先生の言うことは完璧すぎるんですよね……。できないから悩んでいるのに、あれこれやるように言われても、すぐにできるわけがないんです。だから、『思考は現実化する』の本は、若い人たちには広まっていないんじゃないかなぁ。私の20代の友達のほとんどは読んでないかも。

ヒル そうか……それは申し訳ない……。

私 いや、謝らなくていいんですけどね。ヒル先生は完璧すぎて、こんな私でもついていけるのかなぁ、なんてちょっと思っただけですから。

ヒル うん、実は私もこのメソッドが現代に即したものではないと感じていたんだ。だが、どうすればいいかがわからなかったんだよ。私の使命は、カーネギー氏から受け継いだ成功法則のメソッドをわかりやすく伝えることだ。私がこの本を書いたのは１９３７年だったな。あれから１００年近くの時が流れている。時代が変わった今、当時の理論だけで納得させようとは思っていない。むしろ君が質問を投げかけてくれることで、現代に即した6つのステップの極意が見つかるだろう。私もぜひ君に協力してもらいたいんだ。

私 いいですね。先生が望むなら私もそれに協力します。立場が逆転したみたいで、ちょっとうれしいです。

ヒル ははは、頼むよ。では、これから協力しながら、現代の成功法則を見つけ出していこう。

ここまでのまとめ

● 思考は願望実現の6つのステップで現実化する

やってみること

願望実現の6つのステップについてまず知ってみる

第2章

願望を「はっきり」させる

6

そもそも
願望がよくわかりません。

想像力が弱っているかもしれない。
想像力を鍛えなさい。

ヒル さぁ、では願望実現の6つのステップにそって、君たちの願望を実現していこう。最初のステップは、願望をはっきりと明確にすることだね。

私 うわっ、最初から難しい課題ですね。これまでのお話で、まずは願望を考える習慣が大切だとわかりました。でも、実は私も友人たちも、そもそも自分の願望が何なのかわからないんです。はっきりさせるもなにも、自分が一体何をしたいのか、何を望んでいるかがよくわからないんですよ。

ヒル その状態だと、想像力が弱っているのかもしれないね。

私 想像力が弱っている？　想像力って弱るものなんですか？

ヒル そうだよ。誰もが子どもの頃はすばらしい想像力を持っていた。なんでも自由に想像できる無限の力をね。でも、**大人になると親や社会からルールや常識を学び、自由にやりたいことを想像する力を忘れてしまうんだ。**

私 自由に想像するんですか……。確かに、子どもの頃はドラえもんにだって、宇宙飛行士にだってなれると信じていました。でも、大人になってからは、子どもがいるからとかお金がかかるとか、常識の範囲内でしか考えられなくなっています。

ヒル　そうだよ。自分が何を望んでいるのか想像する力が弱っているだけなんだよ。**想像力はね、訓練によって鍛えることができるんだ。**

私　え？　どうやって？

ヒル　想像力も筋力と同じだよ。使えば使うほど、いろんな想像ができるようになっていくんだ。

私　へーっ。具体的にはどうすればいいんですか？

ヒル　想像力には2つの種類がある。順番に説明していこう。**1つは「改良的想像力」といって、もともと興味を持っていることや好きなことを組み合わせてどうしたいかを見つける方法**だ。何もないところから想像することは難しいからね。

私　確かに、興味のあることや好きなことならわかります。

ヒル　改良的想像力は、君たちの過去の「経験」や「教育」から生み出されることが多いんだ。過去に好きだったことや学んだこと、おもしろそうだと思うことを考えてみるといいね。これまでの経験や学びをもとに自分が夢中になれそうなことを想像してみるんだ。

私　過去に好きだったこと……。音楽とか絵とか踊りとかそんなことでもいいんですか？

ヒル　もちろんだよ。君がやってみたい！　と想像できることは何でも願望になりえるよ。

私　そうか。私は願望について難しく考えすぎているようです。願望ってもっと壮大なものじゃないといけないと思い込んでました!!

ヒル　確かに偉大なことを成し遂げてきた先人たちは、強く大きな願望を持っていたよ。でもね、想像力は1日で鍛えられるとは思わないことだ。**想像力が弱っているときには、まずは毎日30分間、考える時間を持って興味を持っていることや好きなことを考えてごらん**。例えば、やってみたいことをリストアップして書き出してみるんだ。そんな小さな炎がやがて燃え上がるような願望になっていくんだ。

私　それだったらできますね。では、好きなことや得意なことをお金に変えたいと思ったらどうしたらいいですか？

ヒル　すでにある商品やサービスを「観察」するといいよ。「この問題をどうしたら解決できるだろう？」「どうしたらより良くできるだろう？」という問題解決の思考から想像してみるんだ。例えば、君が好きなことや得意な分野で、尊敬している人や組織はあるかな？　この人みたいになりたい、こんなことをやってみたい、と惹《ひ》かれる存在だよ。逆に、まったく尊敬できない人や組織はあるかな？　こんなふうにはなりたくない、見ているだけでイライラするような存在だよ。

私　そうですね。ありますね。

ヒル　では、**その人や組織についてよく調べて、自分だったらどうしたいかを想像してみてごらん。いい面だけではなく悪い面もよく見るんだ。**すでに活動している人や組織を「観察」することで、自分ならではの新しい発想が生まれる可能性があるよ。

私　なるほど、それは確かにできそうですね。

ヒル　そうだよ。すでにある商品やサービスを自分ならどうするかを考えることで、自分ならではの発想を生み出すことができるんだ。想像力が鍛えられて、結果、その発想が自分の願望につながっていく可能性がある。まずは毎日30分間、考える時間を持って想像力を鍛えるんだ。どんなことでも君がやってみたい！　と心から思うことを考えてごらん。**何かをしたいという燃え上がる願望がすべての現実の種となるんだよ。**

ここまでのまとめ

- 想像力は使うと鍛えることができる
- 過去の経験、学び、観察からやってみたいことを想像する
- 毎日30分間の考える習慣を持つこと

やってみること

毎日30分間考える時間を持ち、過去の経験や学び、他人の観察をもとに自分のやりたいことを想像してみる

7

願望が降りてくる瞬間ってあるんですか？

考えるのをやめてごらん。
自分の望みが
直感的にわかるようになるよ。

私　ヒル先生、私たち、自分の願望を、自分がどうしたいかを考えてみましたよ。いろいろと想像してみました。それで、これがやりたいかなぁという、願望めいたものは出てきたんですけど、だけど、もっと確信が欲しいんですよね。「これが私の願望です！」というような。私の友人たちも「これだ！」っていう直感というか、天からの答えのようなものが欲しいと言っていました。そういった運命的なひらめきってあるんですか？

ヒル　あるよ。

私　えっ、あるんですね！　そっちを先に教えてくださいよ。どうやってやるんですか？

ヒル　ははは。君たちはすぐに楽をしたがるんだね。自分で考えることなく、答えを受け取りたいんだ。

私　だって考えているとわからなくなってくるんです。想像はできても、どれを選べばいいかわからなくなって。だから、これだ！　っていう確信が欲しいんです。

ヒル　では、願望を見つけるための手段として、直感の受け取り方について話していこう。60ページで想像力には2つの種類があると言ったよね。1つは、「改良的想像力」、そしてもうひとつが、「独創的想像力」だ。願望は、独創的想像力を鍛えることで直感的にわかるようになるんだ。

私 そこ、知りたいです！　それで、独創的想像力はどうやって鍛えていくんですか？

ヒル 考えることをやめるんだ。

私 へ？　でも、これまではやりたいことを考えろって言ってたじゃないですか。

ヒル そう。まずは、過去の経験や学び、他人の観察をもとに自分のやりたいことを考える。でもね、**じっくりと考えて、自分のやりたいことを潜在意識に送り込んだら、あとは考えることをやめて心を空っぽにするんだ。すると、直感的なひらめきがやってくる。それが独創的想像力さ**。これは私がこれまでの成功者たちを研究してきてわかったことだよ。

私 考えることをやめるんですか……。でも、考えるのをやめるってどんなタイミングでやめればいいんですか？

ヒル 考え続けるうちに、自分でもわかる部分とわからない部分がでてくるだろう？　そのわからない部分も、「必ずはっきりする」というイメージを潜在意識に送り込むんだ。現時点では明確でなくても、やりたいことは必ず明らかになると信じるんだ。その確信が持てたら考えることをやめてごらん。

私　具体的な日数でいうとどれくらい考えてからやめるんですか？

ヒル　それは、人によるよね。よく考える人なら2〜3日で直感を受け取れる人もいる。あと願望の大きさによっても受け取る時間に差があるから、1カ月以上かかることもあるよ。考える期間も自分で決めてごらん。1週間で直感を受け取りたいと思うのであれば、5日間毎日じっくり考えて、残りの2日間は考えずに過ごしてみることさ。

私　なるほど。期限も自分で決めるんですね。

ヒル　そのとおりだよ。期限も潜在意識に伝わるからね。

私　私は最近、ヒル先生の本だけでなく、本田健《けん》さんやジュリア・キャメロンさんの本も読んでいて、やってみたいことをノートに書き出しています。英語やヨガ、子育てのことなど、いろいろなアイデアを考えています。毎朝、考えることで自分の中で具体的なやりたいことが見つかってきた感じです。ただ、まだ完全にははっきりとはしていない部分もあるんです。その部分は潜在意識にまかせてみるということですよね。

ヒル そうそう。自分の中で望むものが見えてきたら、次は考えるのをやめてごらん。わからないことについて、潜在意識からの答えを待つんだ。君たちは潜在的な力を持っている。でも多くの人がその力をあまり使わないまま一生を過ごしてしまうんだ。**明確な願望と目標を持っている人だけが、この力を使いこなすことができるんだ。**

私 でもどうして、考え続けたあとに考えるのをやめるんですか？

ヒル 願望は、繰り返し考えることによって潜在意識に伝わるんだ。潜在意識が完全に君の考えを理解するまで、繰り返し指示を出し続けることだ。けれど、一定期間考え続けたあとは、その願望は潜在意識に保管される。だから、考え続けたあとは、君がその答えを探す必要はない。むしろ、**心を空にして、潜在意識の働きを信じてみてごらん。潜在意識は君の望みを叶えるために、最適な答えをもたらす力を持っているからね。**

私　へー不思議ですね。今私はそれをやっているのか。だんだんわかってきました。

ヒル　そうだよ。君だって過去に経験したことがあるはずだよ。突然、直感的なアイデアやインスピレーションが降りてきた瞬間があっただろう？

私　そうですね。確かに考えていないときに、ふっとアイデアが湧いてくることってありますね。先日、公園でぼんやりしていたら、気になる親子がいたんです。お母さんがイライラしているようで、そのとき、子どもの視線が私に向いて、助けを求めているように感じました。言葉ではなく、感覚的にです。すると、「お母さんと子どもをサポートできることがしたい」という考えが急に浮かんできたんです。

ヒル　それが直感的なメッセージを受け取った瞬間だよ。

私　なるほど。その瞬間、まさに考えていないときにアイデアが浮かんできた感じがしました。ふっとその考えが湧いてきたというか、降ってきたというか、そんな感じでした。直感って、何かを一生懸命、考えているときじゃなくて、何も考えていないときのほうが受け取りやすいということなんですね。

ヒル そうそう。シャワーを浴びているときや、散歩中、リラックスしているときに直感が訪れることが多いんだよ。

私 おもしろいですね。

ヒル あきらめずに考え続ければ、答えは必ず出てくる。まだ願望がはっきりとしないなら、引き続き過去の経験や他人の方法を参考に自分の望む未来を想像してごらん。そして、じっくり考えたあとは、考えるのをやめて、**潜在意識に答えをゆだねるんだよ**。それが君にしかできない未来を想像する方法さ。

私 へー、そういうことなんですね。私、もっと直感を受け取って、自分の想像に確信を持てるようになりたいです。

ヒル その気持ちが大事だよ。君たちが望む未来を現実にするには、想像力がとても大切なんだ。今の君たちの想像力は弱っているかもしれない。でも、こうした訓練によって想像力を取り戻すことは可能だ。願望を現実にするには、想像力が絶対に必要なんだよ。

私

わかりました。私、やりたいことって最初から「これだ！」っていう運命的なひらめきがあるとばかり思っていました。でも、まずは過去に好きだったことや今やっていることを工夫して、考えることからはじめてみる。考えたあとに、考えるのをやめて待つ。自分の潜在意識に答えをゆだねる。なんだかおもしろいことがありそうです。やってみたいと思います。

ここまでのまとめ

- やりたいことは直感でひらめくことがある
- 考えたあとに考えるのをやめると、直感が訪れる
- じっくりと考えたら、あとは潜在意識におまかせしてみる

やってみること

考え続けたら、考えるのをやめて、直感を待つ

8

知識がないので
できるとは思えません。
資格を取得したほうが
いいですか？

すべてを自分でやろうとせずに、
必要な知識を集めなさい。

私　ヒル先生、願望をはっきりさせるために、ひき続き想像力を使って考えています。でも、ひとつ疑問が出てきました。やりたいことが浮かんだとしても、それを実現する資格やスキルがありません。まずは、資格の取得が先ですよね？

ヒル　ふふふ。君たちは勉強が好きだねぇ。資格をとれば何かが変わると思っているんだろう？

私　えっ、でも勉強すれば知識を得られるわけですから、可能性は広がるじゃないですか。そもそも専門知識がなければ、何もはじめられないですよ。

ヒル　知識がないからといって何もはじめられないわけではないよ。**君に知識がないのならば、人の知識を借りればいい。すべて自分で学ぶ必要はないんだ。ゼロからスタートする必要はないんだよ**。

私　人の知識を借りるってどういうことですか？　私は、親子向けのサービスを提供したいんですが、提供できる知識やスキルがないんです。

ヒル　君に知識やスキルがなくても、友人や知り合いにはそれを持つ人たちがいるだろう？　その人に、手伝ってもらえばいいんだよ。

私　うーん、なんか資格とかスキルとかを自分が学んで持っていないと、信用されないんじゃないかとか、持っていたほうがお金になるんじゃないかとか思っちゃうんですよね。

ヒル　いいかい？　君のまわりで成功している人は、あれもこれも資格を持っているから成功しているのかな？　自分の持っていない知識やスキルは、その道のプロにお願いしているはずだよ。

私　なるほど。その道のプロですか、確かに。親子サポートの1つとして、病児保育などを考えたとき、私自身は経験も資格もないけれど、保育士さんや看護師さんたちの力を借りて、「ママと子どもの大変なときをサポートする」というのはできる、ということですかね。

ヒル　そういうことだよ。

私　あっ、でも、集客の知識がない場合はどうしたらいいですか？　私は会社員だったのでそのあたりの知識がないんです。やはりスクールとかに行くべきでしょうか？

ヒル　今はYouTubeやSNSという便利なものもあるんだろう？　あれは無料だっ

ていうじゃないか。なんてすばらしいんだ。君たちは不思議なことに、無料のものには価値がないと考える。しかし、無料のものでも知識を得ることは十分できる。ほかにも、本や身近にいる友人、ＳＮＳなど、人の知識を借りる方法はたくさんある。**他人の知識をいかにして使わせてもらうか。重要なのは君の想像力なんだよ。**

私 うーん。でも、自分でしっかりと勉強したいし、スキルや資格があれば自信もついてくる気がするんです。

ヒル 学ぶ前にはっきりさせておくことがあるよね。

私 え……、なんだろう。

ヒル この章のテーマでもある「**願望をはっきりさせること**」だよ。

私 そうでしたー！

ヒル 学ぶ前に、君たちが何を目的としているのかをはっきりさせる必要がある。**知識は、願望を実現していく過程で必要とされるものなんだ。目的もなく学んだところで、意味はない**よ。願望に向けて行動してからでも学ぶのは遅くはないね。

私　でも、例えば、ヨガやコーチングなどのサービスを提供したい場合、お客様が必要としている知識を自分が身に付けてから提供するのが普通じゃないですか？

ヒル　知識を提供することが目的なのであれば、そういうことになるよね。だけど、知識をお金に変えることが目的なのであれば、君たちが学ぶべきことは、知識をお金に変える方法だよ。お金に変える方法を考えるんだ。

私　……私の友人たちはお金に苦手意識を持っている人も多くて。集客やお金という言葉があまり好きじゃない場合はどうしたらいいんですか？

ヒル　そもそもお金が嫌いだと潜在意識に伝えていれば、お金から好かれることはないけどね。もしも君たちが、集客に関わりたくないのならば、集客が得意な人に頼めばいいだろう。お金の集金が苦手ならば、それも自分でやらなくて済む方法を考えることさ。

私　それもまかせちゃっていいのか。**すべてを自分でやろうとする必要はない**んですね。

ヒル　専門知識がないことで悩むことは一切ないよ。専門知識を持つ人の協力で成功することはいくらでもできる。**重要なのは、他の人の知識をどのようにして活用して自分の願望を叶えることができるか。その想像力だよ。**

ここまでのまとめ

- 目的にあった知識を考えること
- その知識がなければ他人の力を借りる
- すべてを自分でやろうとせずに想像力を働かせる

やってみること

自分が必要とする知識やスキルをどうしたら集められるかを考えてみる

9

お金のことを考えると
本当にやりたいことなのか
迷いがでます。

自分が大好きなことを進めなさい。
大好きなことをして、
愛する人のために働くことで、
一番効果的な仕事をすることが
できるんだ。

私　ヒル先生、ここまでいろいろと願望を考えてきたんですが、どうしてもひっかかることがあります。

ヒル　なんだい？

私　お金のことです。自分のやりたいことを優先しようとすると、お金の心配が出てきます。

ヒル　あぁ、そうだよね。**自分が好きなことをする時の最大の問題点は、お金がかかること、あるいは、それを仕事にした場合、直接的な収入が少なくなるかもしれないということ**だよね。必ずしもそうとは限らないけれど、そこで悩む人は多いよ。

私　そうなんです。私も友人たちも、今はじめようとしていることには、お金の不安があるんです。最初にお金はかかるし、はじめたあとも安定した収入になるかわかりません。こんなときは何を基準に考えればいいですか？

ヒル　愛だよ。

私　愛？？？　また大きなことを言い出しますね。

ヒル　いや、最後まで話を聞けば、願望を考えるときには「愛」がいかに大切かがわかると思うよ。

私　どういうことですか？

ヒル　人はね、**自分が愛することに取り組むこと、愛する人のために働くことで、一番いい仕事をすることができる**んだ。好きなことをしているときは、長く働いていても疲れないだろう？　逆に、好きでもないことは、すぐに疲れてしまう。自分の仕事を愛していれば、より良い仕事ができるし、多く働くこともできるんだ。

私　確かに、私も好きなことをしているときには夜中まで夢中になってやってしまうことがあります。もちろん寝不足で疲れるんですが、精神的には心地よい満足感でいっぱいになります。

ヒル　そう。何かをやり遂げるには、そういった自分の「愛」や「好き」といった感情が原動力となるんだ。これがなければ、君たちは忍耐強く願望を実現しようとまでは思わないだろう。

私　でも、お金の心配はしなくてもいいんですか？

ヒル　お金の心配がなかったとしたら、どうすると思う？

私　それはもちろん、やりたいことに挑戦しますね。

ヒル　だとしたら、どんな形であれ、はじめてみることだよ。愛する仕事を選ぶのには2つの利点がある。1つ目は、その仕事をすることで自分が幸せになれるということ。これは最高の報酬であり、お金では買えないものだよ。
　そして、2つ目は、一時的には収入が下がったとしても、生涯年収で考えれば、引けをとらないということ。将来的には今と同じ、あるいは、今以上の収入を得ることができるんだよ。

私　本当に今以上の収入を得ることなんて可能なんでしょうか？

ヒル　それは君次第だよ。でもね、**大好きなことをしているときには、与えられている以上の仕事をすることが少しも苦にならないものだよ。愛している仕事ならもっと良くしたいと思うし、愛している人のためならプラスアルファのサービスをしようと思えるからね。**

私　うーん。それはそうですね。

ヒル　私はこれを「**プラスアルファの魔法**」と呼んでいる。好きなことならば、求められている以上のことを自ら進んで提供するようになる。そうすれば、

私　相手は君にもっと多くのお金を渡したくなるものだよ。

ヒル　くーっ。やっぱり、今の安定した仕事を手放すってなかなか難しい〜。住宅ローンだってあるし、子どもの学費も用意しなくちゃいけないんです。

私　いきなり仕事をやめなくても、今の仕事の中で、愛することや好きなことを見つけることもできるだろう？　副業からはじめてみるのもいいよね。

ヒル　ふーむ。今の仕事の中で、好きを探していくのも手ですか。会社を辞めずにお金の安心を感じながらも、やりたいことをはじめることはできそう。そういえば、会社を辞めてコーチとして独立したいという友人がいて、会社にそれを伝えたところ、社内でコーチングができる部署に異動できたそうです。今では、会社で大好きな仕事をして、生き生きと働いています。

私　そう。**どんな環境でも、願望を実現することはできる**んだ。もし、会社で実現できなくても、趣味ではじめることもできる。趣味ではじめたことがうまくいき、大きな願望へとつながっていくこともよくあることだよ。

ヒル　我慢して嫌な状況にとどまるのではなく、**どんな状況でも愛することや好きなことを選択していくことが大切**なんですね。そうすることで、人生は豊かになっていく。そういうことですね。

ヒル そうそう。今読んでいる君も、自分の本当の願いを叶えたくてこの本を手に取ったんじゃないのかな。自分が心から望む人生を生きたくて、変化を後押ししてくれる本を探したんじゃないだろうか。だとしたら、迷ったときには、君が「愛」を感じるほうを選びなさい。愛することをやってみるんだ。

ここまでのまとめ

- 願望は「愛」や「好き」の感情で選ぶ
- 大好きな仕事には幸せという報酬がある
- 今以上の報酬を得られる可能性もある

やってみること

やりたいことは「愛」や「好き」の感情で選んでみる

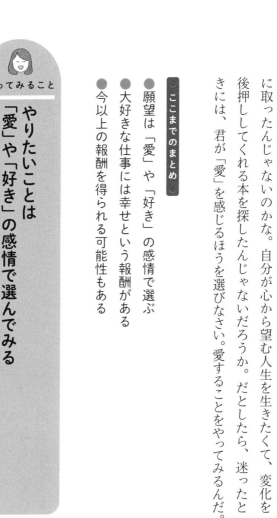

10

やりたいことを実現するには、
家族との時間は、
あきらめるべきですか？

願望を叶えたければ、
代償を先に差し出すことだよ。
何かを「あきらめる」のではなく
「はじめる」ことを考えなさい。

私 ヒル先生、お金がいい仕事よりも愛する仕事を選ぶことが大切だと言いましたよね。確かに、愛する仕事ができる喜びや幸せは、人生において最も豊かな報酬だと思います。ただ、やりたいことに夢中になるあまり、家族やプライベートのことは後回しになりそうです。一時的にでも、家族との時間はあきらめるべきですか？

ヒル **何かを手に入れるためには、何かを先に手放したり、努力したりする必要がある。それを最初に決めることが重要なんだ。**願望を叶えたいと思ったら、何らかの忍耐や努力が必要となる。これが「代償を差し出す」という願望実現の第2のステップだよ。

私 代償を差し出すって、どういうことでしたっけ？

ヒル おや、忘れちゃったかな？　例えば、君たちが新しい挑戦をしようとするならば、他のことに費やしていた時間は削る必要があるだろう。あるいは、その挑戦のために普段以上に努力する必要もあるだろう。実現したいと望むものを得るためには、代わりに何かを差し出す必要がある。普段とは違う行動をとる必要があるんだ。

私　またまた〜。ヒル先生、願望と引き換えに何かを我慢しろっていうんですね。家族も犠牲にしろっていうんですか？

ヒル　いやいや犠牲じゃない。そうだな。**何かを「あきらめる」のではなく、新しく「はじめる」ことを考える**といいよ。何をはじめるかは君たちが決められることだ。重要なのは、その代償を最初に決めることなんだ。家族を大切にしたいなら、そのために何をはじめられるかを考えることだよ。

私　具体的にどのように考えればいいですか？

ヒル　人によってできることは異なるよ。仕事や環境、ライフスタイル、人間関係、勉強といった分野で今までとは違う行動を選ぶんだ。仕事の環境を変えるとか、新しい人付き合いを増やすとか、**無意識にやっていた普段の行動を変えるんだ。行動を変えることで「新しくはじめること」が見えてくる**。

私　そう言われると、いろいろありそうですね。

ヒル　君の場合、どんなことが考えられると思う？

私　そうですね。家族との時間を大切にするために、早起きをしようと思いま

す。朝4時起きに変えて、朝に集中して仕事するのはできそうです。

ヒル　そうそう。願望のためには、朝寝坊をやめることだね。収入に関してはどうだい？

私　「大好きなことを仕事にして毎月30万円の収入を得る」という願望のためには、夫の収入源を断つ必要があると感じています。

今までの私は「私が稼がなくても夫が稼いでくれればいい」と思っていたんですよね。でも、その考え方では、一生自分で稼ぐ覚悟ができないですよね。だから、代償として何を手放して何をはじめるかを考えたときに、夫の収入に頼ることをやめようと思いました。夫の収入はないものとして考えます。

ヒル そう。その覚悟を決めることが大事なんだ。代償を差し出すというのは、後戻りのきかない決断をすることでもあるんだ。途中であきらめたりやめたりする選択肢を断つことで、前に進むしかない状況を作るんだ。

私 とても怖いですけどね。

ヒル **何かを失えば、その分必ず何かを得る。何かを得れば、その分必ず何かを失う**。この世界は実にバランスのとれた世界だ。この法則を知っていれば、進んで先に手放すことができる。

私 お金の話も同じですね。大好きなことを仕事にしたいなら、一時的にでも安定した収入を手放す。仕事で成功したいなら、普段よりも多くの時間と労力を費やす。**新しいことをはじめたいのなら、初期投資やリスクをとる**、ということですよね。決断は難しいけど、先に何を手放すかを決めることで覚悟が出てくるのもわかります。

ヒル だからこそ、願望を潜在意識まで届けて、その実現を「信じる」ことがとても重要になってくるんだ。願望を信じることができなければ、代償を差し出すことはできない。だが、**願望を「信じる」ことができれば、一時的**

に収入が安定しなくてもリスクをとって前に進むことができるだろう。

私　くーっ。今日のお話はなんだかグサグサと胸に刺さって痛かったです。きっと読んでいるみんなも同じ気持ちなんじゃないかな。

ヒル　願望を潜在意識まで届ける方法はこのあともやっていくからね。信じる力を育てていこう。

ここまでのまとめ

- 何かを得るには何かを先に手放す
- 普段と異なる行動を選ぶ
- 代償を最初に決めること

やってみること

願望を実現するために、先に「手放すこと」「努力すること」を書き出す

11

願望はどれくらいはっきりさせるものですか？

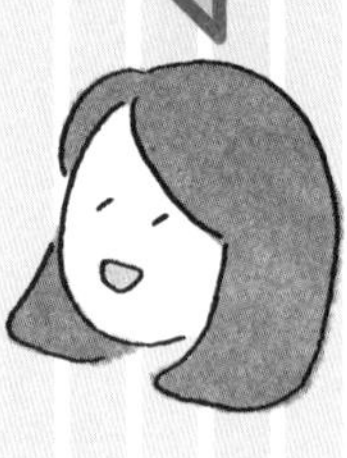

望んでいる状態が鮮明に目に浮かぶようになるくらいだよ。

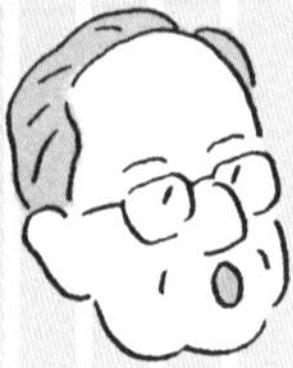

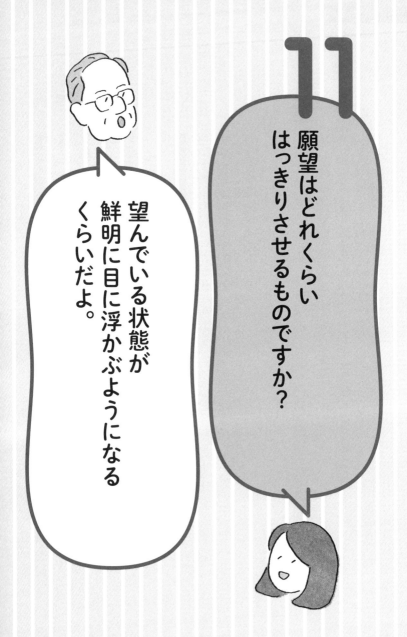

私　ここまで願望を「はっきり」させることについてお話を聞いてきました。改良的想像力と独創的想像力を使って、なんとなくイメージはつかめてきています。でも、「はっきり」させるってどれくらい明確にするんですか？ どのような状態になればいいんですか？

ヒル　**君が望んでいる状態が、鮮明に映像で目に浮かぶようになるくらいだよ。**理想を現実としている自分が目の前にいてその様子を言葉にできるくらいはっきりと想像するんだ。

私　おぉ。かなり具体的な様子をイメージできている状態ですね。

ヒル　そうだよ。願望が現実で起きているかのようにイメージしてみるんだ。自分の願望が叶ったある日のことを想像してごらん。君は、家族や友人とお祝いをしている。そのとき、君は彼らに何を語っているだろう？ どんな会話をして、どんな感謝の気持ちを表現しているかな？ そのときの喜びや感謝、興奮といった感情を身体中で感じてみるんだよ。

私　えー、なんでそこまで細かく想像する必要があるんですか？

ヒル　情熱の火がつくからだよ。想像力を使うことで、自分の願望に火をつけるんだ。その時の感情を感じれば感じるほど、君はそれが現実に起きているかのように思えてくる。潜在意識を刺激するには、情熱に満ちたイメージや言葉を使う必要があるんだ。

私　……本当に叶ったかのように感じていれば、無意識のうちに現実になってしまうものなのですか？

ヒル　**潜在意識は想像と現実を区別することができない**。だから、燃えるような願望が潜在意識に届くと、潜在意識はその願望が現実になっていないことに違和感を感じはじめる。この現実は、私が望んでいることではないってね。すると、君の意識は自然と理想の状態に向かって動き出す。イメージした世界が現実になるように行動したくてたまらなくなるんだ。**理屈では説明できない燃え上がるようなエネルギーが君の行動を後押ししはじめるんだよ**。

私　くーっ、その状態に早くなりたいです！

ヒル　燃えるような願望はすべての現実の出発点なんだ。

私　でも、未来の想像ばかりしていると、現在のことをおろそかにしてしまいそうです。想像だけで満足して、行動しなくなってしまうこともありそうです。

ヒル いい指摘だね。そうだよ。未来を想像することに没頭しすぎて、現実的な行動をおろそかにするのは避けたいね。未来を想像しながらも、同時に、今を大切にする必要があるんだ。**自分の願望と現在の行動が一致しているかを日々意識することが大切**だよ。今やっていることが、願望に向かって進んでいるかを確認しながら進めるんだ。

私 では、まだ願望がはっきりしていない人はどうしたらいいですか？

ヒル それは、まだまだ想像する時間が足りないかもしれないね。毎日30分間、想像する時間を続けているかな？

私 うっ……、痛いところを突かれましたね。

ヒル 君たちは毎日、仕事や育児で忙しいからね。自分が何を望んでいるかなんて意識的に時間をとって考えない限り、浮かんでくることはないよ。毎日時間を決めて取り組んでごらん。まずはここをクリアしないと現状は何も変わらないんだ。

私 そうですよねぇ。お金持ちになりたい！　という漠然とした願望はあるんですけどね。

ヒル あまりに漠然とした願望だとイメージが湧きにくいから、自分が想像できる範囲の願望を設定するといいね。大金持ちになるイメージは湧かなくても、1カ月後に1万円を生み出す方法なら、少しイメージができるんじゃないかな？

私 はい、確かにそれなら想像できます。親子教室のレッスンを1人1回2500円に設定したとして、4人の親子に来てもらえれば1万円のお金を生み出すことは想像することができます。

ヒル そうだよ。そうやって、願いが叶った状態を具体的にイメージしていくんだ。さらに毎日の目標も設定するといいよ。そうすることで、毎日何をすればいいかがわかるし、モチベーションも湧いてくるからね。

私 なるほど……。毎日の目標も、願望の一部なんですね。今やっていることが自分の望んでいることなのか、現在の行動が願いが叶った状態へとつながっているのかを考えながら進めるのか。そうすれば、今をおろそかにすることはありませんし、願望を忘れることもありませんね。

ヒル　そうだ。願望は考え、信じて行動することで現実になる。**願望を忘れていては叶うことはないし、願望に向けて行動しなければ現実になることはない**。毎日、願いが叶った状態をイメージして行動することが大事なんだよ。

ここまでのまとめ

- 願望は映像が目に浮かぶくらい明確にする
- 願望を潜在意識に届けるには情熱に満ちた言葉とイメージが必要
- 自分の願望と現在の行動が一致しているかを日々意識する
- 願望が想像できない場合は、小さな目標を設定する
- 毎日の目標も願望の一部である

やってみること

＊ 願望が具体的にイメージできるよう想像する
＊ 毎日の行動が願望に向かって進んでいるかを意識する

Column

書くことで必ず見えてきます！

ヒル先生から、「願望をはっきりさせなさい！」と言われても、なかなか自分のやりたいことが浮かばなかった当時の私……。そこで、私はまず、昔好きだったことや得意だったことをノートに書き出すことから始めました。ダンス、英会話、国際交流、教育など、今でもやってみたいって思うことを書きだすうちに、自分がワクワクすることが見えてきました。

けれど、当時の私は夫婦２人で無職の状態……なんとかしてお金を稼ぎたかった。そこで､ヒル先生が教えてくれた「改良的想像力」を磨くために、海外の起業成功例を調べ始めました。ただ調べるだけじゃつまらないと思って、さらに「ママのための起業アイデアメルマガ」も立ち上げました。起業アイデアを調べながら、メルマガに書くことを２カ月くらいやり続けたんです。

そこで、見つけたのが、海外での子育て通信教育事業でした。これが、まさに直感的なひらめきでした。それからは、理想とする会社の商品やサービスの写真を壁に貼って、毎日見ながら、自分が提供したいサービスのイメージを明確にしていきました。最初は自分が商品を作るなんて想像もしなかったけれど、改良的想像力を使って、他社の商品を参考にして、自分ならどうしたいか考えられるようになったんです。

今でもやりたいことがぼんやりしている時は、まずは理想とする人や商品について調べるようにしています。その後は、独創的な想像力で直感を感じるのを待つ。ヒル先生の教えで、今では想像することが大好きになりました。

第3章

期限を決めて計画を立てる

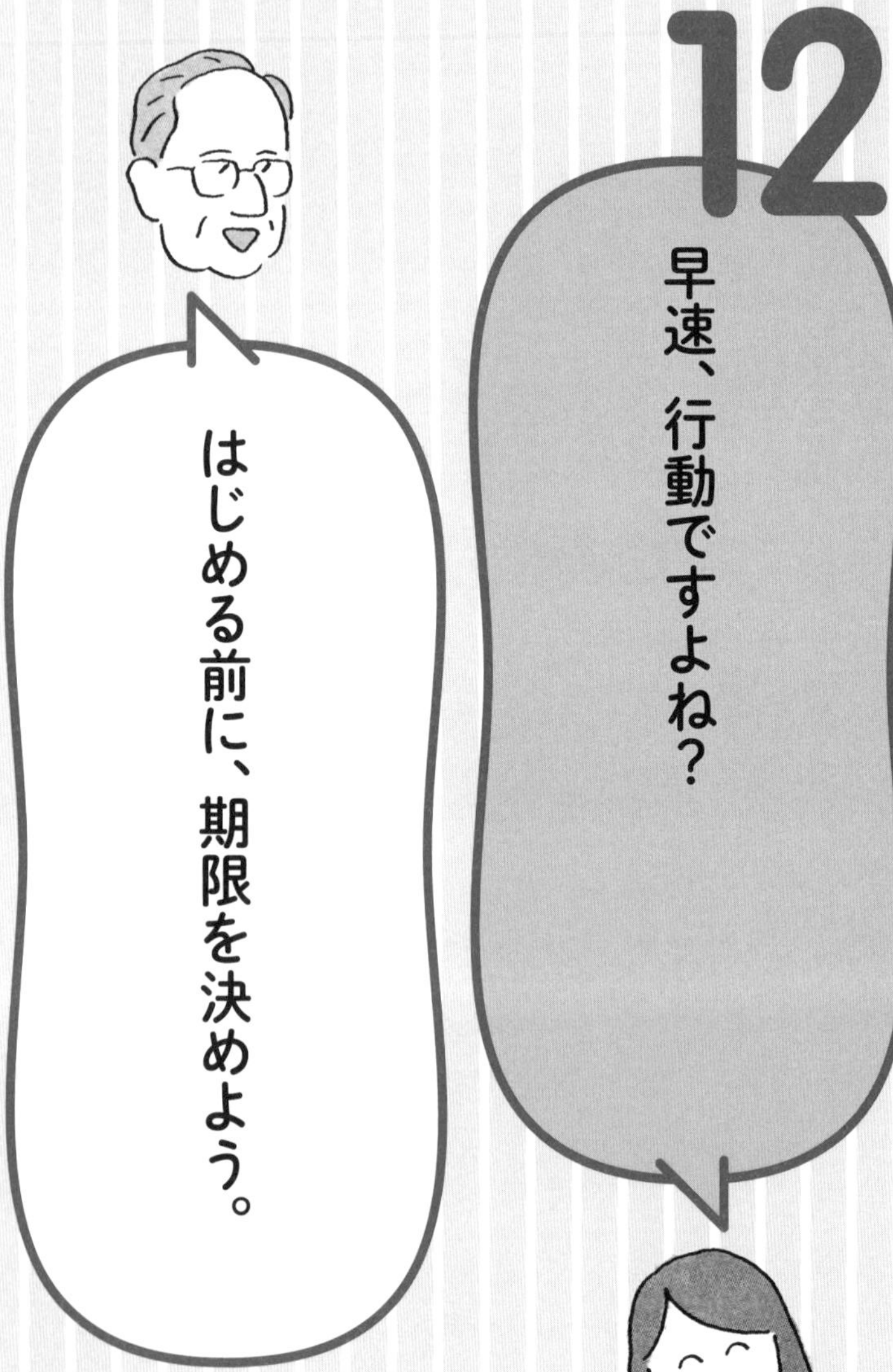
12
早速、行動ですよね？
はじめる前に、期限を決めよう。

私　ヒル先生、ここまで「願望をはっきりさせる」ことに取り組んできました。いよいよその願望を信じて行動するときですね。早速思いつくことからはじめてみたいと思います！

ヒル　いや、まだだよ。

私　え？　まだ？　まだ行動しちゃだめなんですか？

ヒル　そう、まだダメ。動きはじめる前に期限を決めないとね。君はその願望をいつまでに実現したいんだい？

私　えーっと……。期限ですか。私、いつも期限なんて決めずに、ピンと来たらすぐにはじめているんですけど、やっぱり期限は決めたほうがいいんですか？

ヒル　51ページの❸を忘れたかい？　決める必要があるよ。期限は自分の信じる力（信念）を強くする。「絶対にこの日までにやり遂げる」という強い思考のエネルギーが生まれるんだ。君の強い思考は潜在意識まで届き、潜在意識はそれを実現しようと動き出す。つまり、はっきりとした期限を決めることで、現実化しはじめるというわけだよ。

私　決めることで潜在意識が動き出すんですね。

ヒル　そうだよ。**期限がなければ、潜在意識はいつまでにそれをやり遂げていくのかがわからないからね。決めた期限があってはじめて、具体的な計画もたてられるからね。**

私　うーん。でも、期限を決めるって難しいですよね。願望の大きさにもよると思うんですけど。大きい夢なら3年、5年と時間がかかるだろうし、小さな目標ならそんなにはかかりませんよね。何を基準に期限を決めるといいですか？

ヒル　願望が「はっきり」とイメージできるところまでを1つの期限としてごらん。自分がどこで何をして、いつどのような状態になっているのかが、映像で目に浮かぶように想像できているところだよ。

私　映像で目に浮かぶぐらい……それだったら、わりと近い未来の期限の願望だと想像できます。小さな願望ですけど。

ヒル　それでいいよ。その日の君は、どこで誰と何をしている？　どんな話をしてどんな気持ちでその日を迎えているかな？　こうして、その期限と願望をイメージし続けるんだ。

私　でも、大きい願望の場合はどうですか？　イメージはまだぼんやりとしているけれど、いつか叶えてみたいと思っていることです。

ヒル　大きい願望も期限がひらめくのであれば、もちろん決めたほうがいいよ。だが、まだイメージがはっきりしていないということは、期限も思い浮かばないことが多いだろう。であれば、まずは想像できるところからはじめていこう。**1つ目の願望を実現することで、次の願望の期限もはっきりしてくるだろう**。

私　なるほど。であれば、私の大きな願望は長くかかりそうですが、現時点で願望がはっきりとしているのは、半年～1年後です。これくらいを期限にしたいと思います。

ヒル　これくらいではなく、はっきりとした日付を決めてごらん。

私　なぜ日付まで決めるんですか？

ヒル　**はっきりさせることで、願望が潜在意識へと届くからね**。

私　わかりました。自分にとって覚えやすい区切りのいい日がいいですよね。

誕生日にしようかな、それとも年末にしようかな。では、年末の12月31日を期限とします。その日までに私の願望を実現することを決めます。

ヒル　いいね。期限が決まることで、潜在意識が動き出し、新たな直感がおとずれるかもしれないよ。その日付を手帳やノートなどに書いておきなさい。いつでもその日付を忘れないようにするんだ。願望の期限が決まったら、次は計画へと進んでいこう。

ここまでのまとめ

- はっきりと想像できるところまでを1つの期限とする
- 期限を決めることで潜在意識が動き出す

やってみること

願望実現の期限を決める

13

計画はどうやって立てるんですか？

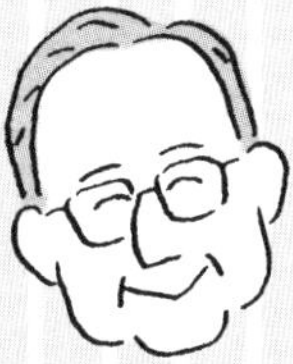

直感が作る計画に期待しよう。

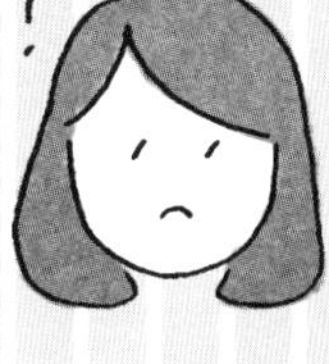

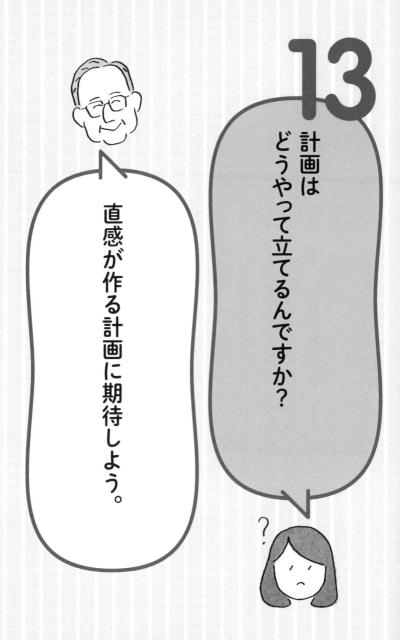

ヒル　願望が設定できたら、次は計画を立てていこう。計画は願望を実現させる架け橋となるからね。

私　あれ、計画ですか？　ヒル先生、願望実現の方法はわからなくてもいいと言ったじゃないですか。

ヒル　そうだよ。方法はわからなくても大丈夫。でも、いつまでに何を達成するのかという計画は立てていこう。

私　確かに、**やり方はわからなくても、いつまでにどうしたいかは計画することができます**ね。

ヒル　願望の期限を決めたよね。その期限が1年後だとしたら、3カ月後、6カ月後、9カ月後にどのような状態になっていたいかを決めるんだ。

私　でも、やっぱりその小さな目標に到達するまでの方法がわからないと動きようがないですよね。方法はどうやって考えればいいんですか？

ヒル　直感だよ。計画を立てたらあとは直感にまかせるんだ。

私　え？　どういうことですか？

ヒル　いつまでにどうしたいかの計画を立てたら、あとは行動しながら直感に従っていくんだよ。ゴールまでの到達方法は君の直感が教えてくれる。

私 自分ではわからなくても??

ヒル そうだよ。君たちの直感はすごいんだよ。直感は潜在意識からくるものだけれど、潜在意識は24時間、365日、君たちのために働いていることを忘れちゃいけないよ。願望や目標をはっきりと設定するのも、計画を立てるのも、すべては潜在意識に君たちの望みを届けるためなんだからね。

私 えーそうなんですね。

ヒル 君たちは、なんでも1人でがんばろうとしちゃうけどね。実は1人じゃないんだよ。**願望を現実にする力は、君よりもずっと大きな存在の力からやってくる**んだよ。

私 私よりもずっと大きな存在?

ヒル 君たち自身もまだ気づいていない**無限の知性**だよ。もう1人の自分、叡智《えいち》を超えた存在とも言えるね。つまりそれが直感なんだ。直感は、もう1人の自分からのメッセージのようなものだよ。それについては、またあとで。まずは直感を受け止めることからやっていこう。

私　なんだか、ワクワクしてきました！　自分1人でがんばる必要はないと聞くと、なんだか安心して進める気がします。

ヒル　では、計画を立てるときに、直感の力に頼るにはまず何からはじめればいいのか覚えているかな？

私　えーと、すでにある事例や他人のやり方を調べることでしたっけ？　あとは、友人や先輩にヒントをもらったり、本や動画で調べること、という話でした。そして、集中して考えたら、考えることをやめてみる。そうすると、ふとした時に直感がおとずれるということでしたよね（69ページ）。

ヒル　そうだったね。まずは、意識できることからはじめていくんだ。君たちが興味のある分野の人や組織が何をどれくらいの期間で達成しているのかを調べたり、うまくいっている人たちの共通点を考えたりしてみよう。

私　計画もまずは調べることからですね。

ヒル　あとは、彼らがどのような「失敗」をしているかを知るのも大事だよ。私たちはうまくいっている人を見るときに、彼らの「成功」の部分だけしか見ていない。だが、願望を叶えるまでには数多くの失敗もあるわけだからね。

私　なるほど。

ヒル　失敗にはたくさんのヒントが隠されている。失敗することなく成功した人はいない。失敗は、計画が完全ではなかったというだけのことなんだ。失敗したら、次の計画を立て、またスタートすればいい。願望を現実にした人たちは、失敗しても計画を立て直して決してあきらめなかった人たちだよ。

ここまでのまとめ

- 計画も直感に頼ることができる
- 自分1人でがんばろうとせずに潜在意識の力に頼る
- 調べたり考えたりしたあとに、直感を待つ

やってみること

願望と期限をはっきりさせたら、行動しながら直感に従っていく

14

直感が湧かないときはどうしたらいいですか？

計画を立てる前に、マスターマインドを作るんだ。想像力も人の力を借りるんだよ。

私　ヒル先生、計画も直感を受け取りながら進めればいいということですが、直感がわからず迷うときにはどうしたらいいですか？

ヒル　ここでも1人でがんばろうとしないことだよ。**直感がわからないときには、人の力を借りるんだ**。君1人では持ちあわせていない知識や経験、才能、想像力を、他人に借りることで、詳細な計画を作って実現していくんだよ。

私　そうか！　計画もすべてを1人でやろうとする必要はないんですね。私はついつい自分だけでがんばろうとする癖があるので、人の力を借りることは考えていませんでした。

ヒル　普通の考え方をすれば、自分で計画を作ってから必要な人を集める。だけど、私が強調したいことは、「**計画を作る前に人を集めること**」だよ。そうすることで、みんなの経験や才能、想像力の恩恵を受けることができるんだ。

私　計画を作る前に人を集める？？

ヒル　そう。君たち自身に計画を作る想像力がなくても、すでに経験がある人にとっては簡単なことだからね。人の力を借りることなくして願望を実現している人はいないよ。**マスターマインドと呼ばれる仲間を募ってともに進めていく**んだ。

私　マスターマインドってなんですか？

ヒル　マスターマインドとは、2人以上の人が集まって共同で願望や目標に取り組むチームや仲間のことだよ。他のメンバーの考えやアイデアを聞くことで、自分だけでは気づかなかった新しい視点や解決策を見つけることができる。マスターマインドでは、メンバーがお互いにアイデアを出し合い、討論し、共同で問題を解決していくんだ。

私　ミーティングみたいなものですか？

ヒル　単なる会議やミーティングとは違うね。マスターマインドの大切なポイントは、**波長のあう仲間と、共通の願望や目標に向かってエネルギーを作り出す**という点だよ。ただの話し合いではなく、お互いの心をひとつにすることで、心と心が共鳴しあい、一種の超越的なエネルギーが生まれるんだ。

私　うわぁ、なんだかすごそうですね。そんなふうに意識して集まったことは今までありません。

ヒル　マスターマインドを作ることで、お互いの知識や経験を分かちあえるだけではなく、君の直感も湧きやすくなってくる。これが仲間とともに進めることの一番の恩恵だよ。全員で1つのテーマに集中することで、もっぱらそのテーマで心をいっぱいにするんだ。そうすることで大きなパワーが生まれ、無限の可能性が出てくるんだよ。

私　なんだかワクワクします。でも、具体的にはどうやって進めればいいですか？

ヒル　まずは君の願望をはっきりとさせよう。マスターマインドを作って自分が何を達成したいのかを決める。次に、気のあう友人や仕事仲間に声をかける。誰に何を助けてもらうかを決めるんだ。メンバーは、気心のしれた波長の合う人がいいよ。メンバーを集めたら、それぞれが持つ目的や問題のほかに、自分たち以外の人に役立つような目的を持つんだ。地域や社会の人のためになる目的を持つことで、さらなるエネルギーが生まれてくるからね。

私 でも、私のやりたいことにだけ協力してもらうのって、ちょっと気がひけるんですよね。

ヒル 仕事としてお願いするならば、最初に謝礼金額を伝えておくべきだよ。そうでないなら、気の合う友人と願望を実現するグループを作るのもいいね。お互いの願望に対して、知識やアイデアを出し合うんだ。また、**マスターマインドの良さは、自分の問題を他人の目を通して見られるようになることにもある**。1人で悩んでいたときには解決策が見えないことも、マスターマインドに相談することで、1つ1つは小さな問題だったと気づくことができるからね。

私　あー、それならできるかもしれません。仕事でお願いする場合には、謝礼をお支払いすればいいし、そうでない場合には、波長の合う友人と集まればいいということですね。

ヒル　そうそう。

私　ちなみに、どれくらいの頻度でやればいいですか？

ヒル　**目的にもよるけれど、仕事の場合は週に1〜2回、友人との集まりの場合は、2週に1回程度で集まるといいね**。また始める前には必ずお互いの共通目的を確認し合うことだ。願望実現に向かってお互いに応援し合うことを最初に確認し合うんだ。

私　何人くらいではじめるといいですか？

ヒル　最初は少人数で始めるといいよ。ただ、現実を見たほうがいいとか、無理に決まってるとか否定的なことを言う人はマスターマインドにしないほうがいい。君の願望実現に必要な人や応援してくれる人に声をかけるんだ。まずはどういう人を仲間に加えたいかということを考え、その人を探そう。

私　でも、誰かと一緒に計画したり進めるって苦手意識があるんですよね。過去に、チームで仕事をしたときに、嫌な思いをしたことがあって……。トラウマで自分も相手も嫌な気持ちになるんじゃないかと思うと心配です。

ヒル 君と同じ考え方や感じ方をする人を選ぶといいよ。そういう人たちを波長が合うと言うんだ。**マスターマインドで重要なことは、お互いの波長を掛け算して新たな大きなエネルギーを生み出すことだよ**。そのためには、君と同じ方向を向いて進める人を選ばないとね。

私 うーん、でも、波長が合う人がいなかったらどうしたらいいんですか？願望を実現していくために、必要としている人はわかっていても、そういう人を知らない場合はどうすればいいんだろう？

ヒル 気の合う人に紹介してもらいなさい。

私 私が直接知らなくてもいいということですか？

ヒル そうそう。波長が合う人の友人や仲間は、同じエネルギーの振動を持っていることが多いからね。まったく知らないところで、知らない人に声をかけるのではなく、君が心地良くて好きな人たちの知り合いを紹介してもらうんだよ。

私 なるほど。それならできるかもしれません。まぁ、それでも緊張はしますけどね。

ヒル 今の話を聞いて、思い当たる人がいるならば、すぐにでも相談してごらん。ひらめく直感があったら、すぐに行動にうつすことだよ。

ここまでのまとめ

- 計画も1人で考えようとしない
- マスターマインドを募る
- 波長の合う人に声をかける

やってみること

＊気心の知れた波長の合う人に声をかけてみる
＊波長の合う人の知り合いを紹介してもらう

15

相手にどう思われるかが
気になります。
他人の意見に気を遣いすぎる
癖があります。

自分の思考を
コントロールすることだよ。
思考は心から心へと伝わるんだ。

私 ヒル先生、私、願望実現に必要な人に声をかけてみましたよ。でも、人にお願いしたり、声をかけるのって緊張しますすね。波長が合うと思って声をかけたのに、話してみたら実は方向性が全然違いました。その人には強い口調で断られて、とてもショックでした。

ヒル 断られても気にすることはないよ。マスターマインドは、お互いのエネルギーを合わせて目標に向けて協力し合うことが重要だからね。協力したいと思わない人をマスターマインドに迎え入れたところで良いことはないよ。

私 うーん。でも、賛同してくれた人も、心の中では何を考えているかがわかりません。役割分担で相手に負担をかけすぎていないかとか、相手が本当に同じ情熱を持ってくれているのか、相手がどう思っているのかが気になります。

ヒル 君は何を不安に思っているのかな。具体的に教えてくれる？

私 そうですね……相手を傷つけてしまうことが不安です。自分の都合で相手を困らせていないか、無理なお願いが他の仕事に影響していないか、自分の言動で相手を不快にさせていないかが心配です。

ヒル それは、君が相手を傷つけることではなくて、君が相手から傷つけられることを恐れているのかもしれないね。相手に批判されることが怖いんだ。

私 え？　私が相手から批判されることを恐れているって？　それはまた、ヒル先生、きついことを言いますね。なんだか傷つきます。

ヒル **誰もが潜在意識に批判される不安を持っているんだよ。この不安があるために、行動できない人がなんと多いことか**。批判される不安は、君たちの言葉や行動にもあらわれる。自信を持って意見を言ったり、決断したりすることも難しくなるんだ。

私 でも、相手がどう思うかを気にするって、相手を気遣う良いことだと思っていました。

ヒル 気にするのと気遣うことは違うよ。相手を気遣うのであれば、愛と感謝を持って接することだよ。相手の気持ちを感じながら愛をもって話してみればいい。

私 簡単に言いますけど、それが難しいんですよ～。

ヒル そう思ったことはなかったかもしれないが、君が何を考えるにしても、相

（否定的な思考）
できない…
どうせ…
ムリかも…
（肯定的な思考）
できる！
楽しい！
がんばろう！

手はそれを感じ取るものなんだ。あとでもう少し詳しく話すが、だからこそ、自分が考えることを意識的にコントロールする必要がある。無意識の思考を意識的にコントロールするんだよ。

私　どうやって思考をコントロールすればいいんですか？

ヒル　**自分が何を考え、何を感じたいのかを選択するんだ。思考や感情はエネルギーなんだよ。**自分を「心の放送局」だと思ってごらん。自分が発する思考や感情は、ラジオの電波のような周波数を持っている。マスターマインドの仲間たちは、君が発する思考や感情のラジオを聞いている。だから、どのような放送を発信したいのかを明確に意図することだよ。

私　ひえー。考えていることがバレるだなんてますます怖くなってきましたよ。

ヒル　人は心と心で相手のエネルギーを感じ取ることができるんだ。

私　具体的には何に気をつけて発信すればいいんですか？

ヒル　**明確な願望を持つことだよ。願望実現に向けた明確な目標を持ち、そのことで心がいっぱいになっていれば、思考が否定的な感情に流されることはない。**君たちが繰り返し信じていることが現実になるから、自分を信じる力を育てていくことだよ。自分を信じる方法については、次の章でも話していこう。

私　やはり願望をはっきりさせることが大切なんですね。そうでした。私たちの現実は、信じていることが現実になっているんですものね。

ヒル　そうだよ。だから自分の思考と感情をコントロールすることはとても大切なことなんだ。どんなときでも自分自身でいられる人は、他の人の考えも抵抗なく上手に受け入れることができる。他人によって自分がコントロールされることはないとわかっているからね。

私

仲間と一緒に何かを進めるとき、つい相手がどう思っているかを心配しすぎていました。でも、何よりもまずは自分が何を考えたいのか、何を感じたいのかを明確にすることが大切なんですね。相手に対して愛と感謝の気持ちを持って心から伝えれば、必ず相手も私のエネルギーを感じ取ってくれることをいつも覚えておきたいです。

ここまでのまとめ

- 相手から批判される不安が行動をとめてしまう
- 愛と感謝を持って相手に発信すること
- 明確な願望と信念を持つこと

やってみること

自分が何を考え、何を感じたいのかに意識的になり、相手に愛と感謝を持って接する

16

具体的な計画を立てるときの考え方のヒントをください。

自分がしてほしいと思うことを誰かにしてあげるんだ。

私　ヒル先生、マスターマインドにアイデアを聞いたり、私が叶えたい願望をすでに叶えている人が、どういう道のりで夢を叶えていったのかを調べたり、自分だったらどうするかなぁと考えたりすることで、自分の進む道がなんとなく見えてきました。

ヒル　そうそう。いい感じだね。

私　潜在意識にも頼っています。確かにおもしろいことがあるんです。シャワーを浴びたり、散歩をしたりしているときに、ふとひらめくことがあるんですよ。自分でも考えていなかったアイデアが浮かんだりします。想像し続けることで、直感が湧くことがわかってきました。

ヒル　うんうん。すごくいいね。

私　でもね、計画って何をいつまでに達成するのか具体的に考えていく必要がありますよね。直感に頼ることはわかっているんですが、もう少し計画を考えるうえでのヒントみたいなものはありますか？　何からはじめていけばいいんでしょうか？

ヒル　まずは、**自分がしてほしいと思うことを考えてごらん**。それを誰かにしてあげるんだ。

私 私がしてほしいと思うことを誰かにしてあげるんですか？

ヒル そうだよ。**自分がしてほしいと思うことは、何よりもまず他人にそうしてあげること**だよ。これが、成功の黄金律（ゴールデンルール）だ。

私 どういうことですか？

ヒル 例えば、君がしてもらいたいことはなんだい？

私 そうですね。私は大好きなことを見つけて仕事にしたいです。なので、好きなことが見つかるようにサポートしてもらったり、それがお金になるように助けてもらったりしたいです。

ヒル それなら、君が誰かの大好きなことを見つけて、仕事にすることをサポートしはじめるといいよ。

私 えー！　私がしてもらいたいのに、私から先にサポートできることを考えるんですか？

ヒル そうだよ。この世の法則は君たちが思うよりもずっとシンプルなんだ。お金が欲しいならば、人がお金を稼げることを手伝う。相手からの愛が欲しいなら、君から愛を持って接する。時間が欲しいなら、他人の時間を尊重する。こうして自分が望むものを先に与えることで、自分にも巡り巡ってその感謝と敬意が返ってるんだよ。

私 うーん。わかるけれど、自然に実行できるようになるには難しいですよね。

ヒル だからこそ、願望を明確にし、期限を決めて計画を立てるんだ。

私 確かに何をしたいかがはっきりしていなければ、その考えにも至らないですものね。そして、計画を立てるときに、「自分がしてほしいことをしてあげる」という視点で考えてみればいいんですね。

ヒル そうそう。

私 では、私の友人で自宅で親子教室を開きたい子がいるんですが、その子の場合はどのように計画したらいいですか？

ヒル 自分が親子教室に参加する際に、してもらいたいことを提供するといいよ。自分がしてもらうとうれしいプログラムやお教室環境の配慮、出迎えてくれるときの声かけやサービスなどね。自分が過去にしてもらいたかったことや、やりたかったことでもいいね。自分と相手を入れ替えて考えてみる

私　んだ。もし、私が参加するとしたら……と考えるとわかりやすいと思うよ。

なるほどー。

ヒル　成功者はみんなこのゴールデンルールを使って成功しているんだよ。自分がしてほしいことを相手に提供することができれば、自分自身も喜ばせることができる。**君たちが人生で望んでいることを誰かに与えることができれば、君たちの人生は幸せと豊かさであふれるだろう**。

私　でもねヒル先生、私、相手のことを想うとサービスしすぎてしまうことがあります。例えば、予定していた時間以上にがんばってしまったり、赤字になるとわかっていても引き受けてしまったり……。そんなときには、疲れてしまってなんのためにやっているのかわからなくなるんです。

ヒル　与えられた以上の仕事をすることは、すばらしいことだよ。多くの人は与えられた以上の仕事をしようとしない。与えられた時間や給料の範囲内で仕事をしようとするだろう。それでは願望が実現することはないし、お給料が上がる事はないよ。自ら進んで与えられた仕事以上のサービスを提供することで、君は相手からも報酬を与えられることになるんだ。これが「**プ**

ラスアルファの魔法」だよ。

私　でも、私たち日本人はがんばりすぎるところがあって、がんばっても相手から見返りはまったくない、ということがよくあります。見返りがない場合もあるのにプラスアルファでがんばったほうがいいんですか？

ヒル　報酬は必ずある。君たちが勘違いしているのは、直接的な報酬があると考えていることだよ。見返りはそのサービスを与えた相手から返ってくるとは限らない。巡り巡って別のところからやってくるんだ。だから、直接的に報酬を得られないからといって、相手にプラスアルファのサービスを怠るのは、結果的に君にとってのマイナスになるよ。

私　そうかー。どこかで誰かが見てくれている。そう思うと確かにがんばれる気がします。

ヒル　もちろん、君たちの元気があってこそだからね。心と身体が壊れるほどがんばる必要はないよ。ただ、君たちが今している努力やプラスアルファのサービスは、必ず巡り巡って大きなエネルギーとなって返ってくるからね。自分の可能性を信じることだよ。

私　自分がしてほしいことを相手に提供して、プラスアルファのサービスをすること、ちょっと考えてみたいと思います！

ここまでのまとめ

- 自分がしてほしいことを考える
- 与えられた仕事以上のことをやる
- 巡り巡って自分に返ってくる

やってみること

自分の願望に向けて、自分がしてほしいと思うことを他人にしてあげられるよう考える

第4章

これが一番大事！4点を紙に書いて1日2回読む

17

早速、
行動していこうと思います！

いやいや
一番大事なことを忘れているよ。
願望の4点を
紙に書き出してごらん。
願望宣言文を作ろう。

私　ここまで、

❶願望
❷代償
❸期限
❹詳細な計画

を考えてきましたね。自分がしてほしいことも思いつきましたし、早速それをやっていこうと思います！

ヒル　いやいや、まだだよ。ここからが一番大事なところだよ。ここまでの4点を紙に書いて朝晩毎日読み上げるんだ。

私　え？　ここからが一番大事なところなんですか？　てっきり願望と計画を決めるところまでが一番大事だと思ってましたよ。

ヒル　最初に話したことを覚えているかい？　君たちの願望はどうやって現実になるんだっけ？

私　えーっと、願望実現の公式は確か、
「**願望を考える×信じる×行動する＝現実になる**」ですよね。

ヒル そうだよ。信じることが一番大事。信じることができれば、行動もできるようになるということだったよね。

私 そうでした。ということは、ここから信じる方法についてやるんですね。

ヒル そうだよ。ここでは、信じる力を育《はぐく》んでいくんだ。

私 信じる力って育つんですか？

ヒル 育つよ。

私 どうやって？

ヒル 願望と代償、期限と計画を紙に書き出して、それを毎日繰り返し読み上げるんだ。繰り返し読み上げた言葉は、潜在意識に届き、信じる力が育ってくる。人は自分の心の中で繰り返してきた言葉を、最終的には信じるようになるんだよ。これを信念というんだ。

私 そんな簡単な方法で本当に叶うんでしょうか。

ヒル まぁ、だまされたと思ってやってごらん。まずは❶～❹の４点を紙に書き出してごらんよ。

私 わかりました。でも、その前に質問させてください。紙に書くのには、理由がありそうですね。

ヒル　4点をはっきりと紙に書く。そうすれば、今まで目に見えなかった願望は、具体的な形となって現れてくるんだ。**紙に書き出すことが、君たちの考えを現実化する大切な一歩**なんだよ。

私　確かに、紙に書き出すことで、目に見えなかった思考が、目に見える形になりますね。

ヒル　やってみてはじめてその効果を実感すると思うよ。

私　ところで、これは何に書くといいですか？　手帳やノートですか？

ヒル　**書き出した言葉は、毎日読み上げてほしい。だから、毎朝毎晩、目につくところに貼れるものがいいね**。リビングの壁とか冷蔵庫とかトイレに貼るといい。

私　えー、目につくところですか？　なんか嫌です。恥ずかしいです。そんなの家族に見られたら嫌じゃないですか！

ヒル　家族の理解も得られていいじゃないか。願望を家族に見せれば、実現の可能性はさらに高まるよ。

私　いやいやヒル先生、家族に見せるってハードル高いですよ。そんな簡単に願望を話せる人は少ないですよ。

ヒル　ならば、4点をふせんに書いて、スマホや手帳に貼り付けておくのも良いだろう。鏡や時計なんかもいいね。毎朝毎晩、読み上げることを習慣にしてもらいたいから、日常の習慣と組み合わせるといいよ。

私　ふせんを目につくところに貼るんですか?

ヒル　ふせんなら毎日書き直すこともできるよね。願望を毎日書き出して繰り返し読み上げれば、信じる力はぐんぐん育ってくるよ。それと、自分の願望だけではなく、私の名言や好きな言葉を書いて貼っておくのもいいね。「**人が頭に描き、信じられることは、すべて実現可能である**」「**それを「したい」という願望があるということは、私にはそれをやれる力があるから**」といった肯定的な言葉だ。家だけではなく、出張先や旅先にもふせんを持ち歩いて実践している人もいるよ。

私　へーすごいな……。それだけ毎日、願望を見ていたら確かに信じられるようになっていくかもしれませんね。ちなみに、願望の4点は具体的にどの

ヒル ように書けばいいですか?
願望宣言文を作ってごらん。肯定的な言葉を使って、自分自身に願望を宣言するんだ。まずは次の質問に答えてみてほしい。
●その目標は本当にあなたの目標ですか?
●その目標は達成可能ですか?
●その目標のために全力を尽くせますか?
●その目標のために手放すことはなんですか?
●目標達成の期限はいつですか?
●期限までにどのようにして目標を達成しますか?
●自分がその目標を達成している姿をリアルに想像できますか?

私 答えてみました。この質問に答えるとすごく具体的になってきますね。

ヒル そうそう。質問に答えたら、次は(　　)欄に君の言葉を入れてごらん。
今から(　　年　　月)後の(　　月　　日)までに、
私は(　　)を実現します。

この期限までにだんだんと（　　　）していきます。
私は（　　　）することに最善を尽くします。
私は（　　　）することを確信しています。
私は（　　　）することをはっきりと心に描くことができます。

私　これを書くにはちょっと時間が必要そうです。

ヒル　考える時間を持って、願望宣言文を仕上げてごらん。これを**深層自己説得**と言うんだ。**「こうなればいいな」という願望を「〈すでに〉こうなっている」と断定して繰り返し唱えるんだ**。繰り返し唱えることで、潜在意識が動き出す。潜在意識は、感情がこもった自己説得に従う性質を持っているんだ。

私　うーん。まだまだ半信半疑ですが、時間を作って書いてみます。

ヒル　願望宣言文を書くときには、その願いがすでに叶ったかのように、肯定的に書くといいよ。

私　うーん、大きな願望であれば「6カ月後の3月31日までに親子向け講座をつくり、5人のお母さんたちに感動してもらい30万円の収入を得ています」

こんな感じですかね。小さい願望であれば、「今週土曜日の17時までに、仕事の資料作りを終わらせて、ネットフリックスで映画を見ながらコーヒーを飲んでいます」とかいう願望でもいいんですか？

ヒル　もちろんだよ。自分の心の中の願望を宣言文として言葉に出してごらん。まずは書いてみることだよ。

ここまでのまとめ

- 願望は信じることが現実になる
- 信じる力は育てられる
- 願望宣言文を作る

やってみること

願望宣言文を書き出してみる

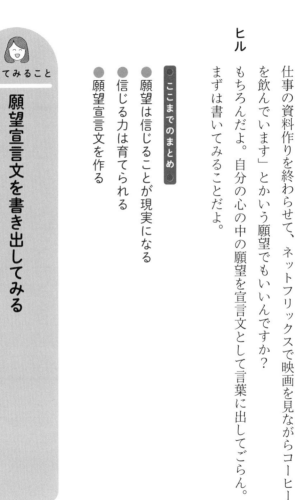

18

願望宣言文がしっくりきません。
叶う気がしません。

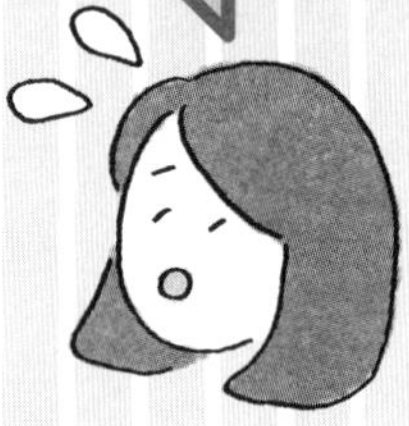

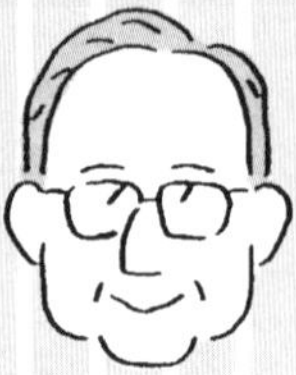

否定的な感情に気づき、
肯定的な感情を選びなさい。

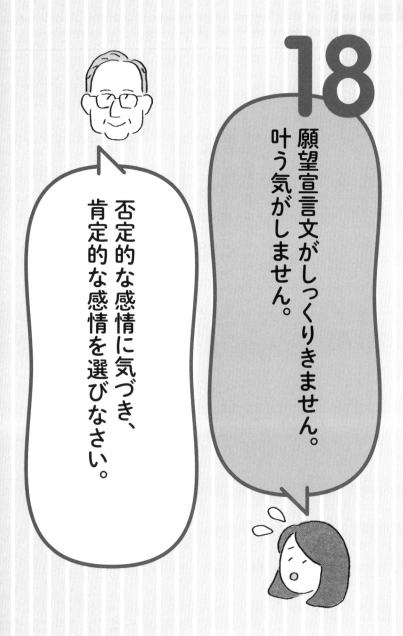

私　ヒル先生、願望宣言文を作ってみました！　友人たちにもやってもらいました。でもね、どうもまだしっくりこないんです。なんだか自分自身に嘘をついているような気がします。「自分にはできない」と思ってしまって、願望宣言文を読んでも感情が入らず、他人事《ひとごと》のように感じてしまいます。

ヒル　「自分にはできない」と思っていると、願望が実現することはないよ。

私　そうですよねぇ。単に願望宣言文を読むだけではうまくいかないですよね。自分自身が心から信じられていないからだと思います。

ヒル　原因は、顕在意識の「願望」と潜在意識の「信念」がずれているからだよ。**君たちは、願ったことではなく、信じていることを手に入れる**。願望宣言文を明確に書いたとしても、潜在意識で「できない」と信じていれば、願望は叶うことはない。

私　やっぱりそうですよね。頭では理解しているんですけど、どうしても「できるはずがない」って思ってしまうんです。

ヒル　第1章で話した「**繰り返し考えて信じていることが現実になること**」（36ページ）ということを覚えているかな？

私　はい。単に考えるだけではなく、繰り返し考えて信じることが大切なんですよね。だから、「自分にはできない」と信じていれば、それは現実になる可能性が高くなるし、逆に「自分にはできる」と信じて行動すれば、それも現実になる可能性が高くなるということでした。

ヒル　そうそう。だから何度も言うけど、自分をいじめるような否定的な言葉は、できるかぎり言わないようにしなくちゃ。

私　いやホントにそれは頭ではわかっているんです。でも、ふとしたときに、「自分にはできないかも……」という不安や無力感が湧いてくるんですよ。

ヒル　うん。それはわかるよ。

私　本当ですか！

ヒル　だって、それは普通のことだからね。

私　え？　そういうもの？

ヒル　いいんだよ。自信がなくなったり、不安に思ったりすることは普通のことなんだ。そもそも、願望に向かって進もうとしなければ、不安な感情が出てくることもないからね。**問題は、自信がなくなったときにどうするかな**

んだよ。頭の中が否定的な言葉でいっぱいになったときに、どう対処するかなんだ。

私　願望を持つと、自信がなくなるのは当たり前なんですか？

ヒル　そうだよ。願望に挑戦すると不安もついてくるんだ。でもね、ここが大切なポイントだよ。人は、前向きな感情と同時に否定的な感情を持つことはできない。同時に感じることはできないんだ。必ずどちらかの感情が心の中を支配する。だから、自分の望む願望について考えて、それが叶ったことを想像し、頭の中を前向きな考えと感情でいっぱいにする必要があるんだ。

私　そうか……。確かに笑いながら落ち込むことってできないですもんね。

ヒル　そうそう。前向きに考えることに集中していると、その考えがやがて潜在意識に伝わるんだ。そして潜在意識も前向きな行動や考えに集中するようになる。願望が実現するためには、意図的に前向きな考えを持ち続けることが重要なんだよ。

私　潜在意識は私たちが意識できるものではないけれど、意図的に考えることでコントロールできるということですね。

ヒル　そうだよ。だから、**毎日、前向きな考えと感情で心を満たすことが大切なんだ。願望実現には自己管理が欠かせない**んだよ。

私　でも、意図的に考えるってどうすればいいんですか？　頭で考えたとしても、自信がないと潜在意識には伝わらないんでしょう？

ヒル　そうなんだよ。**潜在意識は、思考や理性よりも感情や感性に大きく影響される**んだ。頭で考えたとしても、否定的な感情を持っているとその願望は実現しない。だから、自分の感情にもっと気づく必要があるんだよ。

私　感情に気づくって難しいですよね。

ヒル　そうだね。感情は心の反応なんだ。具体的に定義するのは難しいけど、感情の種類を覚えると、自分が今どんな感情を感じているのかがわかるよ。感情には7つの肯定的な感情と7つの否定的な感情があるんだ。おもしろいことに、否定的でネガティブな感情はいつでも自然に現れる、けど肯定的で前向きな感情は意図的に考えないと出てこないんだ。だから、次に挙げる7つの感情に気づけるようになるといいんだよ。否定的な感情が出て

（７つの肯定的な感情）
願望
信念
愛情
性衝動
情熱
ロマンス
希望

（７つの否定的な感情）
恐怖
嫉妬
憎悪
恨み
貪欲
怒り
迷信

きたら、そのことに気づいて、肯定的な感情を選び直すんだ。不安に襲われたら、自分の願望を思い出し、そのときの喜びを感じてみるといい。嫉妬にとらわれたら、その人を愛していることを感じてみるといい。こうして感情を意図的に選び直すんだよ。

私 自分がどちらの感情に偏っているかを意識的に確認することが大切なんですね。そのうえで感情を選び直すのか。それができるようになれば、自分を自分でコントロールできるようになりそうですね。

ヒル そうだね。

私 そういえば、引き寄せの法則を提唱したエスター&ジュリー・ヒックスさんは、良いことを引き寄せるには、心地よい感情が大切だと伝えていますね。幸せや喜びといった心地よい感情でいれば、良いことが現実化するし、不安や憂うつといった心地よくない感情でいれば、良くないことが現実化しやすいと言っています。彼らはヒル先生の『思考は現実化する』にインスピレーションを得たそうですが、感情の持ち方については、その本を読むことでより理解が深まるかもしれません。

ヒル　感情については、他の本も活用して学ぶといいよ。ここでは、肯定的な感情に意識を向けて、自分の心を満たすことを重視してごらん。**もし否定的な感情が湧いてきたら、自分の願望に集中して前向きな感情を意識的に持つ**んだよ。次はその具体的な方法を教えていこう。

ここまでのまとめ

- 顕在意識と潜在意識がずれていると願望は現実にならない
- 願望に挑戦すると不安がついてくるのは当たり前
- 否定的な感情はいつでも自然にやってくる
- 意図的に肯定的な感情を選んで心を満たす

やってみること

否定的な感情が出てきたら、その感情に気づく。そして、願望が叶ったときの気持ちを想像し、肯定的な感情で心を満たす

19

否定的な感情から抜け出すには どうしたらいいですか？

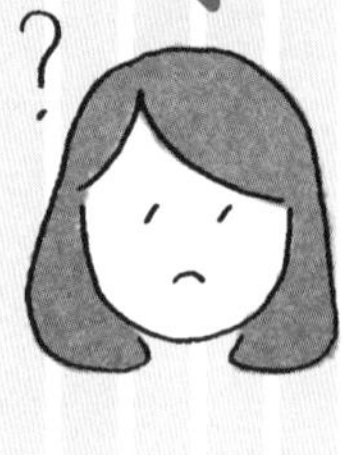

深層自己説得で 願望を繰り返し考えよう。

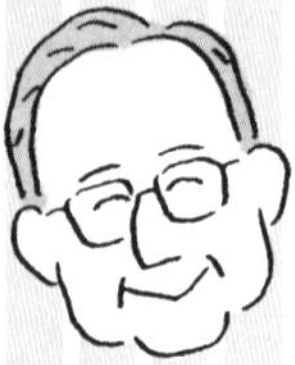

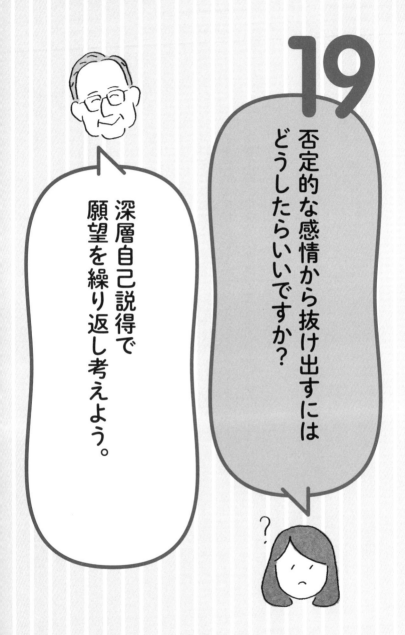

私　ヒル先生、自分の願望に対する考えや感情を観察してみました。感情って本当に不安定ですよね。ある時はできると思っていても、翌日にはできないと思ったりして、揺れ動いてばかりです。油断しているとすぐに否定的な感情でいっぱいになってしまいます。

ヒル　そうなんだよ。それに気づくこと自体が一歩前進だよ。

私　否定的な感情が現れたときの対処法を教えてください。具体的な方法が知りたいです。

ヒル　願望を宣言文にしたよね。願望をはっきりさせて、期限と代償を決めて、詳細な計画を紙に書き出したよね。その願望宣言文を覚えて、1日2回、起床時と就寝前になるべく大きな声で言ってごらん。

私　それなら前にも聞きましたよ。そんな簡単なことでいいんですか？

ヒル　ははは（笑）。君はこれが簡単だというのかい？　確かに、頭で理解するのは簡単だ。しかし、これを本当に実行できる人はほんのひと握りの人だよ。

私　うっ……、そうなんですね。

ヒル　これは「**深層自己説得**」という方法だよ。**自分の望みをはっきりさせて、**

それを自分自身に何度も言い聞かせるんだ。そうすると、その望みが潜在意識に浸透して、実現に向かっていくんだ。

私　深層自己説得、ちょっと怪しい感じもしますが、ここが腑《ふ》に落ちれば、これまでの状況を変えられる気がします。

ヒル　私が伝える話のなかでも、深層自己説得は最も重要なことだよ。これができれば、どんな願望でも無限の可能性が出てくる。

これが深層自己説得の公式だ。

願望を朝晩2回声に出す＋実現したことをイメージする＝願望が潜在意識に伝わる

こうして自分自身に願望を宣言するんだ。そして、今できることに集中して取り組むんだ。この繰り返しによって君たちの心に信念が芽生え、思考は現実化していく。

私　「朝晩2回繰り返す」ってどういうことですか？

ヒル　強い情熱をもって、毎朝毎晩、願望を繰り返し声に出すんだ。邪魔をされ

ずに集中できる静かな場所を見つけよう。そこで、君の願望や、それを叶える期限、願望が実現したときの感情などをまとめた願望宣言を、声に出して読み上げるんだ。書いたり、想像したり、計画を考える時間を持つのもいいことだね。こうして人は自分の心の中で繰り返してきた言葉を、最終的には信じるようになるんだ。

私　うーん。なかなかストイックですね。

ヒル　習慣にすれば難しくないよ。だまされたと思ってやってごらん。信じて実践してみることが大事だよ。

私　毎朝毎晩というのには、何か理由があるんですか？

ヒル　朝起きた直後と寝る前は、アルファ波とよばれる脳波が出ているんだ。このアルファ波が優位なときには、思考や感情が潜在意識にスムーズに伝わる時間帯なんだよ。
だから、**毎朝起きた直後と夜寝る前に、10分間の深層自己説得の時間を作ってごらん。そして、願望が実現した未来を想像してみる**んだ。最高の未来を想像して、布団のなかでニヤニヤしてごらん。自分の姿をはっきりと描き、最後には叶ったことへの感謝の言葉で締めくくるんだ。すると夢の中で自分でも思いつかなかったアイデアや直感を受け取ることがあるよ。

私 できるかな……、すぐに眠ってしまいそう。1つ質問があります。夜寝る前には、その日に失敗したことや嫌だったことをよく考えがちですよね。それって、否定的な考えが潜在意識に伝わって現実化する可能性があるってことですか？

ヒル そうだよ。

私 げ！ そうなんですか。じゃあ、**夜に反省したりする習慣はやめなくちゃ**。

ヒル 潜在意識は肯定的な思考と、否定的な思考を区別することができないんだ。だから、自分をいじめるようなネガティブなことを繰り返し考え続けると、それが潜在意識に影響を与えて現実化する可能性が高くなるんだよ。

私　ひゃー。完全に逆効果の深層自己説得ですね。

ヒル　その通りだよ。自分の思考がいかに大切かわかるだろう。まずは、朝晩に10分間の深層自己説得をためしてみてほしい。最低でも2週間は続けてみることだね。

ここまでのまとめ

- 否定的な感情が出てきたら深層自己説得を行う
- 深層自己説得＝「願望を朝晩2回声に出す」×「実現したことをイメージする」
- 朝晩2回、10分間の深層自己説得をする
- 最低でも2週間は続けてみる

やってみること

朝晩10分間、願望の宣言文を唱えて実現したことをイメージする

20

自分の本当の願いかどうかに疑問が出てきます。

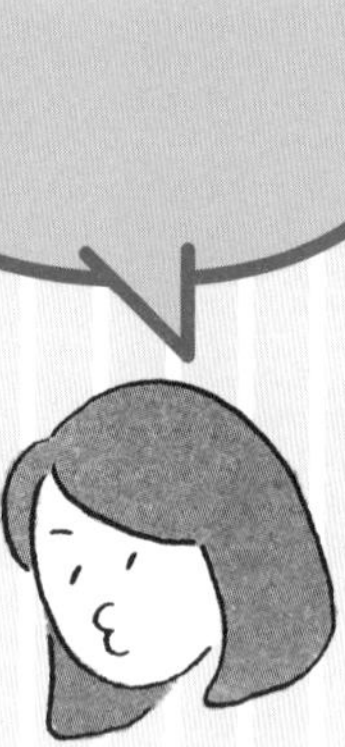

願望実現の6つのステップを実践していると「もう1人の自分」の声とつながりだすよ。

ヒル　さぁ、ここまでで願望実現の6つのステップを伝えてきたよ。

❶願望をはっきりさせる
❷代償を差し出す
❸期限を決める
❹詳細な計画を立てる
❺紙に書く
❻朝晩2回声に出す

ということだったね。君の友人たちの進み具合はどうだい？

私　みんな、いろいろとやりたいことや願望が生まれているようです。なかには、もう行動しはじめている人もいます。

ヒル　進んでいない人はどこでつまずいているのかな？

私　そうですね。決断が苦手な人はなかなか進んでいません。願望を明確にして、期限を決めることに迷いがあるようです。期限を決めると行動しはじめなければいけないプレッシャーや、失敗する可能性の不安など、理由はいろいろありそうです。

ヒル　**失敗の最大の原因は、決断力の欠如にある**よ。優柔不断は克服していかないとね。

私　耳が痛いです。でも、これが本当に自分のやりたいことなのか疑問に感じて動けない人もいます。願望だと思っていたけれどやっぱり違うんじゃないかとか、自分の願望だと思っていたけれど実は他人に憧れているだけだったとか。その場合はどうしたらいいですか？

ヒル　**本当の願望かどうかは、願望実現の６つのステップ（51ページ）で動き出さないとわからないんだよ**。

私　動き出すと、自分の本当の願望がはっきりしてくるんですか？

ヒル　そうだよ。だから、どんな願望でもいい。まずは今叶えたい願望を決めて、期限と計画をもって最後までやり遂げてみることだよ。

私　となると、大きい願望でなくてもいいんですね。

ヒル　うん。すでに大きな願望がある人はそのまま進めばいい。でも、願望がなかなか見つからない人は、今この瞬間にやってみたいことを願望にすればいいよ。どんな願望であれ、６つのステップを実践することで、君たちは

私　自分の本当の力を思い出していくからね。

今この瞬間にやりたいことですか。そうだなぁ。例えば、リビングの模様替えをして、気持ち良い状態でお茶を飲みたいです。

ヒル　では、それを書き出してみようか。

私　わかりました。

願望／リビングの模様替えをする。

気持ちのいいリビンクでお茶を飲む

期限／明日

計画／朝9時から模様替えをして、

午後1時にはおいしい紅茶を入れて飲む

ヒル　願望を明確にして期限や時間を決めて、行動していくことが大事だよ。

私　はい。これなら動けそうです。ところで、6つのステップを実践すると本当の力を思い出すってどういうことですか？

ヒル　願望実現の6つのステップで、自分の願望を実現しはじめると、新たな気づきや世界が広がっていくんだ。それはまるで無限の知性の世界に入り込んだような感覚のことだ。無限の知性とは、君たちの知識やアイデアが無限にあふれ出てくる場所のことだよ。それは目に見えない大きな力であり、人間の理解を超える場所だ。６つのステップをふんで、無限の知性にアクセスできるようになると、必要な情報をいつでも受け取れる能力が身に付くんだ。

私　へーっ。まだよくわかりませんが、不思議なおもしろい世界ですね。

ヒル　この世界につながれると、強さを感じられるようになるよ。願ったことはなんだって実現できるという絶対的な自己信頼が生まれてくるからね。描いたことを自分で実現できるようになってくると、やがて潜在意識から「もう１人の自分の声」が聞こえてくる。その声が、君にささやきだす。無限の知性から湧き上がるようなアイデアやインスピレーションを伝えてくれるんだ。

私　もう１人の自分が話しかけてくるんですか!?

ヒル　もう１人の自分はこれまでも君たちに話しかけていたんだ。だけど、君たちは聞く耳を持たなかったから聞こえなかったんだよ。でも、願望実現の

6つのステップを実践して、自分の願いが少しずつ叶い始めると、自分自身の力を信用しはじめるようになる。

私　そういうことなんですね……。

ヒル　願望実現の6つのステップは、単に思考を現実にするという意味だけではないんだ。それを通じて、もう1人の自分につながり、もう1人の自分の声を聞くためのスタートなんだよ。

私　なんだか、ここに来てまた往復ビンタされたような気分ですよ。重要なことを教えられたような気がします。

ヒル　まぁ、ほとんどの人は気づかないいんだけどね。ただ、今これを読んでいる君たちには、自分の内側から命じられる「もう1人の自分の声」が聞こえてくるはずだよ。その声に耳を傾けることで、君たちは目を覚ますんだ。私の真の願いは、**君たちが「もう1人の自分」を見つけ、それによって自分の力を最大限に発揮すること**だよ。

私　そして、その境地に辿《たど》り着くためには、願望実現の6つのステップを実践することが重要なんですね。

ヒル　そうだよ。朝晩、願望を声に出して読み上げるなんて、バカバカしく思うかもしれないけどね。気にせずにやってみることだよ。最初はどんなに非現実的に思えても、忠実にやってごらん。やがて、まったく新しい世界が開けてくるよ。

私　そうかー。その世界に興味があります。

ヒル　先行きがわからない世界では、辛いことがあったり嫌な出来事があったりして、悲しい気持ちにもなるよね。でも、私はね、たとえわずかでも、自分の中に「もう1人の自分」という不思議な存在を見つけられる人がいてほしいと心から願うよ。私もそうだったように、「もう1人の自分」と深くつながると、どんな困難や障害でも立ち向かって乗り越える力を手に入れることができるからだよ。「もう1人の自分」にはすごく大きな力が秘められているんだ。本気で探せば、必ず見つけることができるんだよ。（『悪魔を出し抜け！』より引用）

ここまでのまとめ

- どんな願望でも自分で決断していく
- とにかく願望実現6つのステップを実践してみる
- もう1人の自分につながる世界がある
- もう1人の自分の声が聞こえてくる

やってみること

願望実現の6つのステップを実践し続けながら、潜在意識の「もう1人の自分」に耳を傾けてみる

21

潜在意識から
「もう1人の自分」の声が
聞こえてきません。

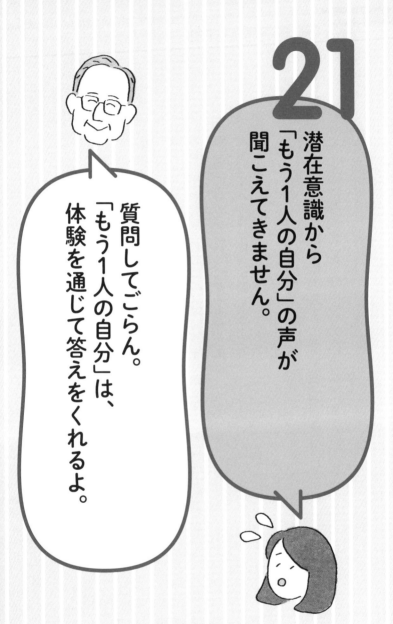

質問してごらん。
「もう1人の自分」は、
体験を通じて答えをくれるよ。

私　ここまでの話をまとめると、朝晩10分間、願望宣言を深層自己説得して、もう1人の自分の声に耳を傾けるということでしたよね。

ヒル　そうだよ。調子はどうかな？

私　そうですね。友人たちはまだ、もう1人の自分の感覚をつかめていません。声が聞こえるということですが、実際に音が聞こえてくるものなのですか？

ヒル　声が聞こえるというのは感覚であって、実際に音が聞こえるわけではないよ。例えば、見えると感じる人もいれば、なんとなくわかると感じる人もいるだろう。個人の感覚によって違うからね。

私　では、深層自己説得をしている10分間に声が聞こえてくるわけではないんですね？

ヒル　もう1人の自分の声は、君たちの体験を通じて聞こえてくることが多いよ。深層自己説得をして夜眠りにつくと、次の日に新しい仕事のアイデアを思いついたり、友達がほしい答えを教えてくれたりするんだ。いろいろな体験を通じて、もう1人の自分が話しかけてくるんだ。

私　それは直感と似ていますね。同じことですか？

ヒル　「もう1人の自分」とは1つのたとえだからね。いろいろな呼び方があるけれど、潜在意識の中の概念でもあるよ。直感は、もう1人の自分が話しかけてきているメッセージと受け取るといいね。

私　そう言われてみると、もう1人の自分に導かれている感覚は確かにあります。先日も、自分では判断に迷うことがあったのですが、直感的にこの人に聞いてみよう！　と思う友人に連絡を取ったら、なんとその人が私の知りたいことを100％教えてくれました。

ヒル　もう1人の自分はいろんな形で君たちにメッセージを送っているんだよ。

私　では、それをもっと感じるためにはどうしたらいいですか？

ヒル　質問してごらん。

私　へ？　質問するんですか？　どんなふうに？

ヒル　「私はどうしたらいいですか？　ヒントをください」「私が今一番優先すべきことは何ですか？」「私の行動を止めている原因は何ですか？」「今回の出来事から何を学べるというのですか？」という具合だよ。

私　そうやって質問をすれば、もう1人の自分から答えが返ってくるというのですね。

ヒル　そうだよ。わからないことや教えてほしいことがあるときには、質問を投げかけるんだ。**自分だけの力でなんとかしようとするのはやめることだ。願望実現の法則にしたがっていけば、誰もがそれを感じることができる。目に見えない大きな力に答えをゆだねるんだ。**

私　つまり、

❶願望の期限、計画を書き出す
❷朝晩10分間大きな声で願望を読み上げてから、
　実現した状況をイメージする
❸迷ったときには、もう1人の自分に質問をする

ということですか？

ヒル　その通りだよ。願望実現の6つのステップにしたがって❶と❷を実践することで、もう1人の自分からの直感をはっきりと感じることができるよ。毎日最低でも30分間は、願望について考える時間を持たないとね。願望や目標が明確になると、潜在意識はもう1人の自分にメッセージを送ってく

れるんだ。そうしてはじめて、もう1人の自分からのアイデアやインスピレーションを受け取ることができるんだ。

私　願望実現までの計画がわからないときにも、直感に頼ればいいということでしたもんね。それは、もう1人の自分の声を聞いているようなものなんですね。

ヒル　そうだよ。**願望を実現する方法は、自分自身よりももう1人の自分のほうがよく知っているんだ。**わからないときには、もう1人の自分に答えをゆだねてごらん。願望や目標に集中していれば、その質問は潜在意識へと届き、もう1人の自分を通じて具体的な計画を教えられるだろう。もちろん計画を教わったあとには、自分の努力で行動する必要があるけどね。

私　なんだか不思議ですが、おもしろそうですね。方法や計画をもう1人の自分にゆだねられるのだとしたら、不安はなくなっていく気がします。

ヒル　まぁ、おもしろがってやってごらん。いくら質問しても、もう1人の自分から返事なんてあるわけがないと思っていたら、その願いが実現することはないよ。なんだかよくわからないけれど信じてみよう、くらいの気持ちでやってみるといいよ。

ここまでのまとめ

- もう1人の自分に質問をする
- もう1人の自分は直感を通じて返事をくれる
- 毎日30分間の時間を取って行動する

やってみること

毎日30分間、願望について考える時間を持ち、計画を実行に移す。迷ったときには「もう1人の自分」に質問を投げかける

Column

直感が湧いてくる朝の朝礼、夜の瞑想

ヒル先生からのアドバイスで、自分の願望を声に出して朝晩２回繰り返すことを聞いた私は、それを習慣にするために「朝の１人朝礼」と「夜のイメージ瞑想」を始めました。

「朝の１人朝礼」では、毎朝、願望を宣言することで自分の意識を整えます。リビングの壁に願望を書いた紙を張り出し、それを読み上げます。例えば、「おはようございます。私は11月30日までに子育て講座を完成させて、毎月５組の親子さんと喜びを分かち合っています。大好きな仕事で毎月30万円の収入を生み出しています。今日も１日よろしくお願いいたします」という具合です。さらに、壁には願望の内容に合った完成した商品やサービスのイメージ写真を貼り付けました。すると、日中に「もう１人の自分」から直感やメッセージを感じられるようになりました。

また、寝る前の「夜のイメージ瞑想」もおすすめです。布団の中で、その日に感謝したい人やことを思い出し、願望が叶った時の１日の様子をリアルに想像します。「11月30日、あるお母さんから感動のお手紙をもらいました。私はその手紙を読んで、本当にこの商品を作ってよかったと感動しています」といった具合です。こうして、願望が叶った日のイメージを持ちながら眠ると、朝起きた時には「もう１人の自分」から直感やインスピレーションを受け取る感覚が生まれました。

今では、「もう１人の自分」と対話することが習慣となり、困った時にはいつでも助けを得られるようになりました。「朝の１人朝礼」と「夜のイメージ瞑想」は、「もう１人の自分」の声を聞くきっかけになったと感じています。

第5章

いざ実践！不安な気持ちを乗り越える

22

動きはじめたら
ますます不安になってきました。

悪魔と対話しているからだよ。
悪魔の主張に向き合ってごらん。
自分が繰り返し
自分に言っていることを知るんだ。

ヒル　さぁいよいよ実践あるのみだね。ここからは、深層自己説得を続けながら計画を実行にうつしていこう。楽しみだね〜。

私　いやいや……。ヒル先生、なんかちっとも楽しいという感じではありませんよ。私も友人たちもなんだか不安でいっぱいです。願望が明確になった今、行動しなければいけない焦りや、本当にできるんだろうか？　という疑問でいっぱいです。特に、願望実現に向かって行動しはじめた友人たちは、否定的な声がますます大きくなっています。

ヒル　どんな否定的な声があるの？

私　例えば、こんな声がありました。

●（心の声に従って仕事を辞めたけれど）
↓本当に好きなことでお金を稼げるの？
　安定を手放しちゃって本当によかったの？？
●（行動しはじめた途端の体調不良）
↓がんばろうと思うとすぐにこうなる。どうせ私には無理なんだよ！
●（順調に進んでいると思ったときの大失敗）

↓ほら！　また同じ失敗をして。

このまま良いことが続くわけがないよ！

●（勇気を出して行動した途端の困難）

↓お金もないのに、願望や夢の実現だなんて、考え方が甘すぎたんだ。

やっぱり止めておけばよかった。

●（やりたいことが見つかった途端）

↓そんなにがんばらなくたっていいよ。このままで十分じゃない？

ヒル　いいね。それは順調な証拠だよ。前にも言ったけれど、**願望を持ちはじめると、最初は、否定的な感情が出てくるんだ。**

私　順調なわけないじゃないですか！　みんな、苦しいんですよ。不安なときに、深層自己説得をするなんて難しいですよ。否定的な声が大きすぎて、願望に意識を向けることなんてできません！

ヒル　もうね、それは悪魔の声だと思いなさい。自分の声じゃないの。否定的な声は悪魔の声だよ。

私　えっ……、悪魔の声ですか？

ヒル そうだよ。君たちは日頃、悪魔の声に過度に耳を傾けているんだ。潜在意識には「もう1人の自分」とは別に「悪魔」も潜んでいるんだよ。悪魔にとっては、君たちがもう1人の自分の声を聞きはじめることは許せない。君が進む道を妨害してくるんだ。「お前にはそんなことはできない」と言ってくるんだ。

私 なんとー、妨害してくるんですか？ 怖いですね。

ヒル 悪魔は君たちが現状に流されることを望んでいるんだ。**君たちが考えることなく、日々の現状に流され、不平不満を言いながら生きていくことをね。そうやって人の意識を完全にコントロールしていくんだ**よ。知らず知らずのうちに、悪魔の深層自己説得になってしまっているんだ。

私 わわわ、潜在意識の悪魔の声を聞いていると、悪魔の深層自己説得になってしまうんですか？

ヒル そうだよ。もう1人の自分ではなく、悪魔の深層自己説得をしている人が実はたくさんいる。潜在意識に潜んでいる悪魔の存在を知らないために、無意識のうちに人生を操られているんだよ。悪魔は好き勝手に君たちを動かす。悪い習慣や人間関係を利用して、何度でも妨害してくるんだ。私がこんなことを話せる理由は、君たちと同じように、私もこの体験をしたからなんだよ。

私　先生もそういう経験をしたんですね。ヒル先生はその時どうやって悪魔の声を乗り越えたんですか？

ヒル　悪魔にインタビューをしたよ。

私　悪魔にインタビューをしたんですか？

ヒル　そう。その対話の内容は、私の書いた『悪魔を出し抜け！』という本にすべて記録したよ。私は『思考は現実化する』の本を書いてすぐに、悪魔との対話をはじめた。悪魔の正体を暴《あば》くためにね。しかし、『悪魔を出し抜け！』は、執筆から72年後、私の死後の出版となった。私の中の悪魔が、妻や家族を使って出版することを拒み続けたからだよ。私自身もまた、悪魔との対話に悩まされ続けた1人なんだ。

私　先生にもそんなことがあったんですね。でも、なぜ悪魔にインタビューしようと思ったんですか？

潜在意識
（悪魔）
いじわるな自分
（天使）
やさしい自分
流されろ！
考えるな
オレに従え！
変えようとするな
流されないで
考えるのよ！
あなたが決めるの
変わるのよ！

ヒル 悪魔の正体を知りたかったからさ。それまでの私は、悪魔の声を無意識に聞き続けていた。特に、最悪な出来事が起きたときには、悪魔の否定的な声が非常に騒がしくて困ったんだ。その声を止めるには、話し合うしか方法がないと思った。**悪魔が私の願望を妨害しようとしている意図を知れば、悪魔の声に従わなくても済むと思ったんだ**。

私 ということは、私たちも悪魔と対話する必要があるってことですか？

ヒル そうだね。**悪魔と向き合うことで、もう1人の自分の声も大きくなってくるからね**。この本を読み終える頃には、悪魔も君たちの人生に大きな役割を果たしていることがわかってくるだろう。ただし、今の君たちが、それを1人でするには難しいだろう。まずは、悪魔の主張を聞いてみよう。彼らが何を企んでいるのかがわかれば、自分の内なる悪魔が何を妨害しようとしているのかがわかってくるはずだよ。

私 悪魔の声が嫌で避けたいと思っているけれど、実はそれに向き合うことで解決していくんですね。理屈ではわかりますが、本当にそんなことできるんでしょうか？

ヒル　否定的な声や感情が止まらないときには、まずはそれに気づくことが大事だよ。気づくことができれば、なぜ悪魔の声がそんなに騒がしいのか向き合うこともできるからね。

ここまでのまとめ

- 潜在意識には「もう1人の自分」とは別に「悪魔」も潜んでいる
- 否定的な感情は、悪魔の声だと考える
- 悪魔は私たちが現状に流されることを望んでいる

やってみること

否定的な感情が湧いてきたときは、もう1人の自分ではなく、悪魔の声だと思ってみる

23

いつまでも
お金の不安がなくなりません。

悪魔の声を
よく聞いている証拠だよ。
お前たちはお金の恐怖によって
現状に流され続けるんだ。

ヒル それでは、登場してもらおう！ 『悪魔を出し抜け！』の共同著者である「悪魔」だ！

私 えぇぇ……、悪魔さんが登場するんですか？

悪魔 来たぞ。お前らがうるさいから来てやった。

ヒル ここからは君が悪魔に質問をしていくんだよ。

私 へ？ 私が悪魔に質問するのですか？ 突然すぎて私も読者もびっくりなんですけど。えーと、それでは、友人たちを代表して悪魔さんに質問していきたいと思います。

悪魔 我輩は人を恐怖に陥《おとしい》れることで忙しいんだ。早いとこ終わらせてくれよ。

私 は、はい……。まず、最初の質問は、お金についての悩みです。私も友人たちも、願望を持って行動しているのに、お金の不安があります。お金がないのに、願望を追い求めていいのでしょうか？ 本当に好きなことでお金を稼げるのでしょうか？ どうすれば望む金額を手に入れられるのでしょうか？ そんな悩みです。

悪魔 あっはは。それは我輩の声をよく聞いている証拠だね。金はお前たちを流される人間にするための最高の手段なんだよ。

私　へ？　どういうことですか？

悪魔　学校を卒業すると、目標も計画もなく、最初に見つけた仕事につくだろう。そうしてお前たちは、社会に流されることを教えられるんだ。金に流された人間は、その後も、金に流され続ける。そんな人間は好きなことだけに金を使い、貯蓄もない。**こうしてお前たちの思考は、貧困という恐怖によって完全に支配されるんだ**。

私　私たちがお金の不安を抱えているのは、あなたの声に流され続けた結果なんですか？

悪魔　そうだよ。我輩は潜在意識で活動しているからね。お前らはいとも簡単に、**我輩の声を自分の声だと勘違いする**。我輩が「お前には無理だ」と否定すればそれを信じ、我輩が「そのままでいいじゃないか」と言えばそれも信じる。悪魔は、こうして厳しい言葉と甘い言葉を使い分けながら、お前らを恐怖に陥れることが仕事なんだよ。

私　ずいぶんひどい話ですね。あなたの目的は何なんですか？

悪魔　我輩の対抗勢力は「もう1人の自分」だよ。我輩は、お前たちがもう1人の自分とつながることを阻止しているんだ。そのためには、ありとあらゆる手段を使ってお前たちを陥れるよ。

私　では、私たちがお金の不安に流されやすい具体例を教えてもらえますか？

悪魔　よくあるパターンは2つある。**1つは、金欲しさに、嫌な仕事でも延々と続けることだ**。我輩は、お前たちが潜在的に持っている最大の恐怖と欲求を利用して仕事をする。お前の最大の恐怖が金だとしたら、我輩はお前の前に金をちらつかせて、その金を追い求めるように仕向ける。お前はそれがたとえ嫌な仕事だとしても、その金を受け取り、そうやって、金のために人生を無駄にしていくんだ。

私　ひどすぎて言葉がありませんよ……。

悪魔　**もう1つは、金の不安で、愛する仕事をあきらめることだ**。お前たちが愛する仕事をはじめたとしても、我輩はその報酬がもう少しで手に入るというときにその金を奪い取る。我輩が「お前にそんなことができるはずはない」とささやけば、お前たちは簡単に否定的な感情に溺《おぼ》れるんだ。こうしたことを2、3回も繰り返せば、お前たちは願望をあきらめる。そうなれば、我輩の思いのままだ。金の恐怖に怯えている者は特に多いんだ。

私　ひゃー。ということは、私たちは、お金の恐怖から嫌な仕事をして流されたり、好きな仕事をあきらめたりするんですね。

悪魔　そうだ。そんな人間は、金を自分の意志で考えて手に入れようとも思わない。金を増やすことに対する願望や目標を持たなくなるんだ。

私　でもお金の恐怖があるのに、お金について考えなくなるのですか？

悪魔　お金の不安についてはよく考えているよ。お前たちは我輩の声を聞いて素直に従っている。**お前たちが不安や恐れといった否定的な感情を感じているときは、悪魔の声をよく聞いているときだ**。そんなときは、自分の頭で金銭の目標を考えたり、努力はしていない。もう1人の自分がいるにもかかわらず、その声を無視して我輩の否定的な声に耳を傾け続けているんだ。

私　では、あなたの声に流されないようにするにはどうしたらいいんですか？

悪魔　我輩は自分の頭で考え、願望を実現しようとする人間が大嫌いだ。奴らには、願望実現の強い信念がある。常に明確な目標を持ち、それを実現しよ

（悪魔が嫌いな人）
明確な願望がある人
願望が実現すると信じている人
他人に流されず自分で考える人

（悪魔が好む人）
願望や目標がない人
他人や社会に流されている人
お金の不安に怯えている人

うと詳細な計画を立てて行動しているんだ。大きな目標も小さな目標も、奴らはもう1人の自分の声を信じてすべてを行動に移していく。我輩が失敗や挫折を与えようとも、奴らはそれを受け入れないんだ。

私　なるほど。そうすれば、あなたに影響されることもなくなるんですね。

悪魔　まぁ、そんなことができるのは100人に2人程度さ。人間の98％は悪魔に支配されているからな。

私　えーっ、あなたに対抗して、もう1人の自分の声に従えるのは、たったの2％なんですか？

悪魔　そうさ。**わずかな人間だけが、否定的な思考と感情に流されることなく、願望を実現することができるんだ。そして、もう1人の自分に気づくことができるんだ**。

私　うーん！　あなたの話を聞いて、私は絶対にあなたに流されたくないと思えてきました。そのためには、常に明確な願望を持ち、計画を立てて行動していけばいいんですね。

悪魔　まぁ、せいぜいもがき苦しめばいいさ。我輩にとってお前たちを否定的な感情で怖がらせることは簡単なことだからな。

ここまでのまとめ

- 私たちはお金に対する恐怖を持っている
- その恐怖によって「流される」ことを選択してしまう
- 嫌な仕事をし続けたり、好きな仕事をあきらめたりする
- 成功する人たちは、信念を持ち詳細な計画を立てて行動していく

やってみること

お金の目標を持ち、詳細な計画を立てて行動してみる

24

悪魔の声を聞いて心配ばかりしている気がします。

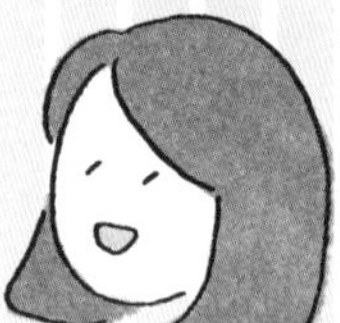

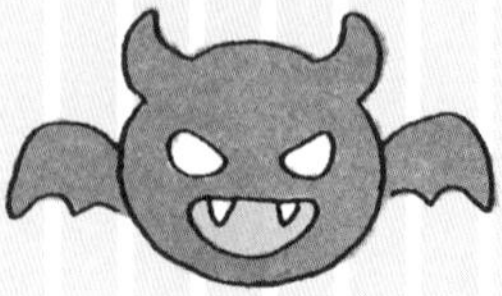

願望を忘れて行動を怠れば先延ばし人生の出来上がりだ。

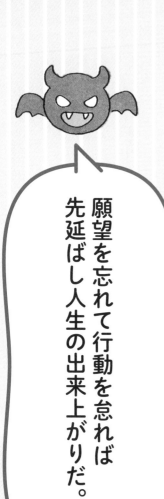

私　悪魔さん、私たちがお金の不安を抱えているのは、あなたの声に流されているからですよね。願望について考えることなく、あなたの意地悪な声を聞いて恐怖に怯えて過ごしていることが原因ということでしたね。

悪魔　そうだ。**お前たちが、自分の時間を恐怖に怯えるのではなく、願望に向けて行動する時間に使うことができれば、物質界の望むものはすべて手に入るといえるだろう。**

私　いやーぁ、耳の痛いお話です。確かに、悩み続ける時間を活動する時間に当てることができたら、なんだってできる気がします。つまり、私たちはもう1人の自分の声ではなく、悪魔であるあなたの声を聞いて心配ばかりしているのですね。

悪魔　そうだよ。我輩の声を聞いて恐怖に怯える人間は、簡単にひょいひょい悪い方向へ流されていく。

私　悪い方向に流されていくというのは、心配し続けて何も行動しないということですか？

悪魔　それが先延ばしということさ。お前たちは、我輩のネガティブな声を聞いて、無意識のうちに思わぬ方向に意識が向いてしまうんだ。我輩が「お金がない」とささやけば、お前は「お金がなくなったらどうしよう」と心配する。我輩が「子どもは勉強しない」とささやけば、お前は「子どもが高校に行けなかったらどうしよう」と心配するんだ。顕在意識で願望を考えたとしても、潜在意識では我輩の否定的な声を信じているから、願望が叶うことはない。

私　確かに……。

悪魔　それに加えて、人間は努力をするよりも楽な道を選びたがる。「今を楽しむほうが大事」「今は忙しいからあとでいい」「今はタイミングではない」という言い訳をして、怠ける癖がついている。

流される公式

願望に意識を向けない（無関心）**×行動を怠る**（怠惰）
＝先延ばし＝流される

こうして、願望を忘れて行動を怠れば、先延ばし人生が出来上がるんだ。

私 我輩のすばらしい導きにより、その後は簡単に流されていくようになるよ。もう耳をふさぎたくなりますね。

悪魔 ははは。そうやって悩み続けるがいいさ。**決断や行動を先延ばしして悪魔に流されていく人間は、自分の願望について積極的に考えるエネルギーを失っていく**。さらには、もう1人の自分のサポートも受け取れなくなるんだ。もう1人の自分からのアイデアはおろか、直感すらも湧いてこなくなるんだ。

私 でも、「願望に意識を向ける」+「行動する」というのは、どちらも難しいことですよね。特に、否定的な声に悩まされている状態では、願望に意識を向けるということ自体が難しいです。私の友人が、うつ症状と体調不良に悩んでいるので、彼女に対してそういうことは言えません。

悪魔 体調不良は、我々悪魔の格好のターゲットだからね。体調が悪い人間は、実に流されやすいんだ。身体が弱っている人間を攻撃するのは簡単なんだよ。我輩の攻撃を受けたくなければ、まずは健康な状態を願うことだ。健康管理に気を配り、心と身体を休めるように努めることだ。健康以外の願望を持つのは、体調がよくなってからにしたほうがいい。

私　なるほど。確かに、健康を願い、休息をとることも願望ですし、それに努力することですね。では、「行動する」ことについてはどうですか？　やる気が起きなかったり、やり方がわからなかったりすると、なかなか行動することができません。

悪魔　バカだよなぁ。考え方が逆なんだよ。だから、簡単にだまされるんだ。やる気があるから動くのではなく、やる気は動くことで湧いてくるものなんだ。やり方がわかっているから動くのではなく、やりながらやり方がわかってくるものなんだ。**動かないことにははじまらないんだ。行動ができないのであれば、小さな目標を設定して1歩でも動いてみることなんだけどな。**

私　うーん、願望や目標って大きく考えがちなんですよね。最初からすごい1歩をしようと思うから動けなくなる。確かに、お金の不安があるなら10分でも収支を確認すればいいし、新しいスキルを身に付けたいなら10分でも勉強すればいい。いきなり大きなことをしようと思わず、小さなことから始めることが重要なのかもしれません。

悪魔　ちょっと話しすぎたようだな。これでは、我輩の手の内がばれてしまう。これからも、願望を忘れ、行動を怠り、先延ばしして流される人生を歩むといいよ。流される習慣が身に付けば、お前たちは我輩の支配のもとで生きていくことになるだろう。

ここまでのまとめ

- 心配ばかりしていると、簡単に悪い方向へ流されていく
- 「願望に意識を向けない（無関心）」×「行動を怠る（怠惰）」＝先延ばし＝流される

やってみること

先延ばししていることがないか、ノートに書き出してみる

25

夫婦関係がよくありません。

夫婦共通の願望や目的がないために、お互いに協力することもできないんだ。

私　悪魔さん、夫婦関係についてはどうですか？　私の友人でも、パートナーシップに問題を抱えている人は多いです。

悪魔　結婚は、お前たちが「流される習慣」を身に付ける最高の方法だよ。

私　どういうことですか？

悪魔　お前らは何の計画や決意もなく結婚するだろう。話し合いもなく、なんとなく共同生活をはじめるんだ。そしてお金のことで喧嘩をしたり、子育ての仕方をめぐって喧嘩をしたりする。そうやって、嫌な出来事や感情を経験していくんだよ。

私　ひえー。あなたは、結婚生活にも入り込んでくるんですね。

悪魔　そうさ。これに気づいていない者は多いからな。好都合なんだ。

私　でも、結婚当初はラブラブじゃないですか。どうやって私たちを流されるように仕向けるんですか？

悪魔　そもそも、お互いの願望を話し合って結婚をするカップルは少ない。最初から見る目がないとも言える。さらに、**結婚をしても、理想の家庭生活についで話し合おうともしない。夫婦共通の願望や目的がないために、お互**

いに協力することもできないんだ。

私 確かに、お互いの願望について話し合う夫婦は少ないでしょうね。

悪魔 さらに、願望を尊重しない人間同士は、ささいなことで喧嘩をする。お前たちは、忙しいことを言い訳にしてお互いの意見を聞かない。だから、関係性が改善することもない。

私 これも耳をふさぎたくなる話ですね。

悪魔 事実だろう。夫婦関係がうまくいかなくなる原因は、お前たちがちょっとしたもめ事を「放置」してきたことにある。もめ事が起きても、相手の考えを聞き、自分の問題を解決しようとはしない。関係が悪くなっていることを感じていても、自分からなんとかしようと行動しようとはしない。相手に改善を求めるばかりで、自分自身が、そういう心構えを持とうとしないことに問題があるんだよ。

私 では、夫婦であっても共通の願望や目標を話し合うことが大切なんですね。

悪魔 当たり前だ。家族は、お前たちの人生に最も大きな影響力をもたらす仲間だ。その仲間同士が、お互いに思いやりを持ち、相手の気持ちや意見を尊重するためには、それぞれの願望や目標を明確にしておく必要がある。

私 子どもについてはどうですか？ 私が自分のやりたいことに一生懸命になりすぎると、子どもに迷惑をかけているんじゃないかと罪悪感が湧くんです。親の役目は子どもたちのやりたいことを応援することですよね？

悪魔 はっはっは。親の罪悪感も、我輩の仕業だからな。我々の仕事はお前たちの願望実現を阻止することだ。そうやって言い訳をして、夢をあきらめるがいい。

私 言い訳だなんて、ひどいですね。

悪魔 ではなぜ、子どもたちと願望や目標を話そうとしないんだ。なぜ、お前の夢について話し、彼らにも協力を求めようとしないんだ？

私 それは……。

悪魔 お前自身の願望がはっきりとしていないからだろう？ さらにたちが悪いのは、親の役目は、子どもたちの願望を応援することだといって、親の思い通りに子どもを動かそうとすることだ。親にレールを敷かれた子どもたちは、自分の願望を主張することなく、自分の意志で行動することがなく

私　なっていく。結果、**親の影響で「流される習慣」が身につくんだよ。**

悪魔　……。では、子どもたちを放っておけと言うのですか？

私　放っておけと言っているのではない。家族それぞれが協力し合い、「流されない習慣」を身に付けるんだよ。親自身が、明確な願望を持ち、計画を進めることで、子どもたちも「流されない習慣」を学ぶことになるんだ。

悪魔　いいこと言ってくれますね。ついでに、子どもたちと流されない習慣を身に付けるために、具体的ないい方法はありますか？

私　第4章でヒルが願望をふせんに書いて目につくところに貼っておくことを話しただろう。あれを子どもたちともやってみるがいい。子どもたちの目の高さに、大きな願望から細かい目標まで思いついたことを書いて貼っておくんだ。

悪魔　なるほど。

私　第4章の願望宣言もいいだろう。子ども自身が自分の意志で願望宣言が書けるようになれば、大したもんだな。

悪魔　早速やってみようと思います！

悪魔 お前たち親が子どもの願望を書いてはダメだぞ。それでは、逆効果だからな。子ども自身がまだ自分の願望がわからないようであれば、親自身が自分の願望を叶えていく姿を見せることだ。親のお前たちが、行動する姿を見て、子どももやがて自分の願望を持つようになるだろう。

ここまでのまとめ

- 夫婦のもめ事を放置しない
- 家族で共通の願望や目標を話し合う
- 子どもたちは親から「流されない習慣」を学ぶ

やってみること

夫婦や親子でも
お互いの願望と計画について話し合う

26

なぜ、悪魔のささやきが聞こえてくるんですか？

悪魔のささやきは、自分自身と向き合い成長するために聞こえてくる。

私　悪魔さん、そもそもの疑問なんですが、なぜあなたが存在するんですか？　私たちはあなたを必要としていません。せっかく願望を明確にして、深層自己説得をして行動しているのに、悪魔のささやきはやめてもらえませんか？

悪魔　まだまだ、わかっていないな。

私　わかっていない？　何をですか？

悪魔　善と悪は同時に存在しているんだよ。**我輩がいてこそ、もう1人の自分を知ることができる**。もう1人の自分が存在する限り、悪魔の声は消えることはないよ。

私　えーーと、よくわかりません。もっとわかりやすく説明してください。

悪魔　悪魔ともう1人の自分は、お前たちの潜在意識の中で同時に存在しているんだ。悪魔は不安を感じさせる否定的で意地悪な存在であり、もう1人の自分は、愛を感じさせるポジティブでやさしい存在だ。願望実現の過程では、両方の存在と向き合う必要があるんだ。

私　悪魔のささやきがなくなれば、もう1人の自分を知ることができるんじゃないんですか？

悪魔　悪魔のささやきがなくなることはない。それは、善と悪の対立がなくなることを意味するからだ。悪魔がいることで、お前たちは、自分の恐れや不安に立ち向かい、善の選択をすることができる。悪魔がいなければ、もう1人の自分も存在しなくなるんだ。

私　えーっ。どうして、あなたはそんな意地悪をするんですか？　私たちの足を引っ張るようなことはしなくてもいいじゃないですか。

悪魔　それはお前たちが望む成長や変化を促すためだ。悪魔はお前たちに試練を与えることで、自己を超える機会を与えてるんだ。**悪魔のささやきに負けることなく、自分自身と向き合い、善の道を選ぶことで成長することができる**。

私　そんなー。

悪魔　お前たちは常にどちらかの声を選んでいるんだ。誰もが経験があるだろう。昨日まではできると思っていたことが、今日になるとできないと感じたり、昨日はやさしくできたのに、今日は意地悪になったりする。それは相反する2つの声を交互に聞いているんだ。

私　確かに、1日の中で気持ちがコロコロと変わりますね。

悪魔　大事なことを教えてやろう。**どちらの声を聞くかは、自分自身が選ぶことができるんだよ。お前たちがどのような思考と感情を取るかは自由に決めることができるんだ。**

私　でも、悪魔の否定的な声を聞きながら、愛あるもう1人の自分の声を選ぶのは難しいですよ。いつも悪魔の声のほうがうるさいです。例えば、もう1人の自分が「挑戦してみよう」と言っていても、悪魔は「やめておいたほうがいい」とか「今のままでいいじゃないか」と言って足をひっぱるじゃないですか。そうなると、私たちはずっとあなたに悩まされ続けるということですか？

悪魔　たった2%の人だけが、悪魔の声から逃れていると言っただろう。奴らは、我輩の声を完全にコントロールして、もう1人の自分の声を完全に選びはじめるのだ。

私　残りの98%は？

悪魔 相変わらず、私の否定的な声に悩み続けることになるだろう。悪魔の声の背後にもう1人の自分の声があるとも知らずに悩み続けるんだ。お前がその2%になりたければ、私の存在を恐れないことだ。

私 えーっ、私はあなたにいなくなってほしいと思っているのに、あなたを受け入れろというのですか？

悪魔 我輩が手に負えない人間は、自分で選択の自由を持つ者だ。奴らは、悪魔ともう1人の自分の声を自ら選んで耳を傾ける。どんなことがあろうとも、2つの声の存在を知りながら、自分で1つを選ぶんだよ。悪魔の声を選ぶか、もう1人の自分の声を選ぶか、それはお前たち次第なんだ。

私 でも、その2%の人たちは、嫌なことや望まないことが起きたときに、どうやってあなたの声をだまらせるんですか？

悪魔 奴らは、悪魔の声を成長のヒントとして受け止めるんだ。自分が「何を」恐れているのか、「なぜ」恐れているのかをよく考え、学びの機会として受け入れるんだ。

私 悪魔の正体を暴くんですね。

悪魔　そうなれば、我輩も手を引くしかない。奴らは、悪魔を恐れなくなるからな。「お前にはできない」とつぶやいても、奴らは「学びと成長の機会をありがとう」なんて言って笑いやがる。悪魔の仕事は、人間を恐怖に陥れることなのに、どんなことをしても奴らはくじけずに、這《は》い上がってくるようになるんだ。

私　うーん。すぐにできるとは思えませんが、少しずつわかってきた気がします。自分の中で「私にはまだ無理だ」「私はまだ十分ではない」という声が聞こえてきても、なぜ無理だと思うのか？　どうしたら十分だと感じられるのか？　と考えることはできますものね。

悪魔　お前たちが自分で考えはじめると、我輩の仕事は非常に難しくなる。**思考は、すべての現実の原因だ。原因が明らかとなれば、流されることがなくなってくるんだよ**。

私　悪魔さん、私はあなたのことが好きになってきました。あなたと話していると、自分のことがよくわかり、自分に対してやさしくできるような気もしてきました。自分が何を恐れているのかに気づくことができれば、自分が安心する言葉をかけてあげることもできます。

悪魔

我輩はそろそろ行くとしよう。これからも願望を持って進めばいい。怖くてできないことがあるなら、それをやれ。お前たちが、試練や逆境を経験するたびに、我輩はお前たちに悪魔のささやきをし続けるぞ。お前たちが我輩に挑んでくることを楽しみにしていよう。

ここまでのまとめ

- 悪魔ともう1人の自分は対立しながらも同時に存在している
- 悪魔のささやきがなくなることはない
- 悪魔の声を成長のヒントとして受け止める

やってみること

自分を否定する言葉が出てきても、学びと成長のヒントとして受け止める

第6章

直感を信じて進め!

27

悪魔ともう1人の自分の声の違いがわかりません。

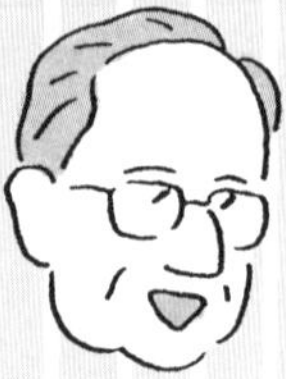

もう1人の自分の声は直感的なメッセージだよ。

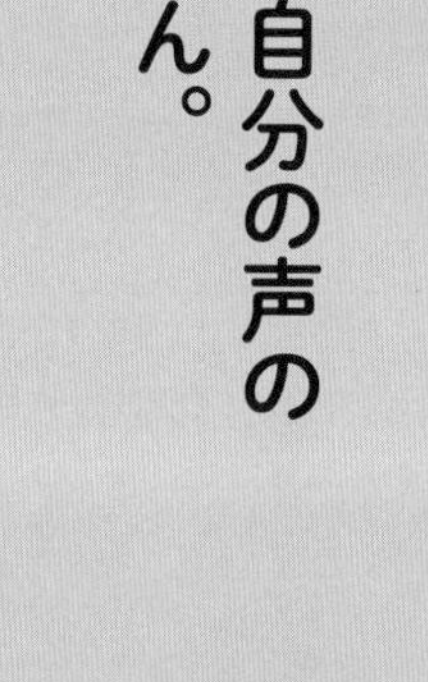

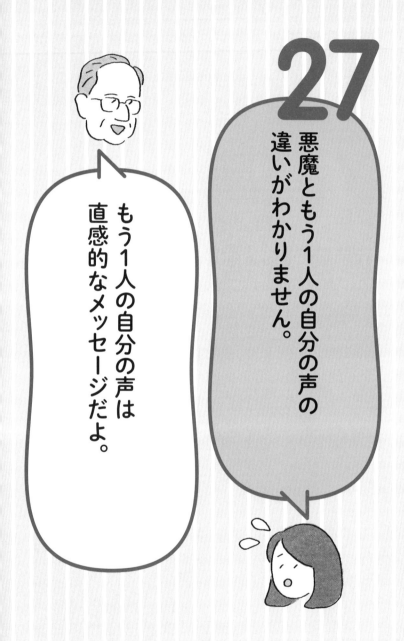

ヒル　おかえり。悪魔との対話はどうだった?

私　めちゃくちゃ怖かったですよー。でも、悪魔さんから聞くことで、ヒル先生のおっしゃっていることが、わかってきました。

ヒル　日頃、悪魔の声に流されていることがよくわかっただろう。

私　はい。でも、悪魔ともう1人の自分の区別がはっきりしないんですよね。お前にはできないとかいう否定的な悪魔のささやきはよくわかるんですが、もう1人の自分について、もっと教えてください。

ヒル　もう1人の自分の声は、これまでに学んできた直感だよ。この内なる声は、君たちが本来持っている潜在能力を引き出して、願望実現に向けて導いてくれるんだよ。君たちが行くべきところや会うべき人、やると良いことやタイミングなどを教えてくれる。逆に、やめたほうがいいこと、避けたほうがいいことなども教えてくれる。

私　どんな感覚がありますか?

ヒル　**理由はわからないけれど、なぜかそんな気がするとか、そうしたい、という感覚だね。静かな信頼とも言えるね。**

私　確かに、その感覚はあります。でも、これは私が都合よく考えているだけじゃないかって気もするんです。例えば、直感的に「これやってみたい!」と感じても、自分の都合の良いように考えているだけなんじゃないかと思うんですよね。あとから考えてみると、あれは直感ではなかったと思ったりもするんですよ。

ヒル　それは感情が邪魔しているんだね。

私　直感は感情によって邪魔されるんですか?

ヒル　そうだよ。直感のメッセージと感情のメッセージは混同しやすいんだ。直感的に何かをやったほうがいいとわかるのと、不安だからやったほうがいいと感じるのは違うだろう? 直感は、なぜそう感じるのかという理由や根拠がないんだ。一方で、感情には不安や喜びといった理由がある。

私　そうか。例えば、先日、直感的につながりたいと思う方がいたんです。でも、こんなメッセージを送ったら嫌がられるんじゃないかとか、私が傷つくんじゃないかとか考えはじめたら、メッセージを送ることができませんでした。あれは、直感が感情に邪魔されたってことですね。

ヒル　その通り。過去に嫌な経験をしたことがあると、そういう不安な感情がやってきて、直感なのかどうかわからなくなっちゃうんだよね。

私　なるほど。人間関係だけではなく、仕事や趣味でも言えますね。私の友人で、やってみたい！　ということがあるのに、お金がかかるとか時間がないとかを理由に直感のメッセージを無視してしまう人はたくさんいるように思います。不安や心配といった感情にふりまわされて、直感を受け取ったにもかかわらず行動できない人もいますね。

ヒル　そうそう。悪魔は君たちの感情をうまく揺さぶるからね。

私　でも、喜びや安心といったポジティブな感情も直感を邪魔することがあるんですか？

ヒル　あるよ。例えば、挑戦したほうがいい！　と直感的に感じたとしても、**毎日の生活が安心安全であれば、そのポジティブな感情に邪魔されて、もう1人の自分が伝えてくる挑戦をあきらめる可能性があるよね**。

私　あーそれはありますね。このままでも十分幸せじゃないかって思うと、直感は、やれ！　と言っているのに、現状維持で終わることってありますね。

ヒル そうそう。あるいは、やめたほうがいいと直感的に感じていたとしても、過去の成功体験や自信、喜びや興奮といった感情が邪魔して、間違えた道を選んでしまうこともあるよね。

私 それもあります。うまくいっているときに、調子にのって失敗したことがあります。

ヒル そう。自信過剰も直感を鈍らせるよね。

私 いやー難しいです。感情に邪魔されないためにはどうしたらいいんですか？

ヒル **いつでも感情をコントロールして、自然で穏やかな状態を保つことだよね。** 感情が高ぶりすぎていても、下がりすぎていてもよくない。うれしいことで興奮しているときは、その喜びを少しおさえてから判断するといいし、悲しくて不安なときには、落ち着いて穏やかな気持ちになってから判断するといいよね。

私 日頃から、感情が上がったり下がったりしていると、直感かどうかがわかりにくくなるんですね。でも、穏やかであれば、感情に邪魔されることなく、直感で判断しやすいということですね。

ヒル　そういうことだね！

ここまでのまとめ

- 直感（もう1人の自分の声）に理由や根拠はない
- 直感は、不安や喜びといった感情に邪魔されやすい
- 直感を受け取るには、日頃から感情をコントロールする

やってみること

穏やかな感情をキープして、もう1人の自分からの直感的メッセージを受け取る

28

私の願望が1つ叶いました！
でもなんで突然
叶ったんでしょうか？

願望の実現を
もう1人の自分に
ゆだねることができたからだね。

私　ヒル先生、聞いてください！　私の願望が1つ叶いました！　やりたいと思っていた仕事があったんですが、願望をノートに書いて、叶ったイメージを想像していたら、思いもよらぬところからお誘いがありました！　こうして予想もしない展開で叶ってしまうことがあるんですね。

ヒル　おーよかったね。そうそう。願望は、君たちの想像を超えた展開で叶うことがよくあるんだよ。それが、もう1人の自分の力だよ。

私　これが、もう1人の自分の力なのかぁ。でもなんで突然叶ったんでしょう？

ヒル　**君の願望が潜在意識を通じてもう1人の自分へと届いたんだよ。願望を受け取ったもう1人の自分は、直感という形で返答してくれた。君はその直感を行動に移したことで願望が現実になったんだ。**

私　なんだか不思議ですね。これまで私は、願望って苦労してなければ実現しないのだと思っていました。でも違うんですね。願望を明確にして、その願望を繰り返し潜在意識に届ければ、もう1人の自分が直感メッセージをくれるようになって、自然と導いてくれるんですね。

ヒル　そうそう。思考を現実化するには、苦労して行動しなければいけないと勘違いしている人が多いんだ。確かに行動は大切だけれど、まずは「信じる」ことが大事。**願望がすでに実現したかのように信じることができれば、あとは、もう1人の自分が導いてくれるんだよ**。願望実現の6つのステップと深層自己説得は、このことが腑に落ちるまで何度でも読み返しなさい。

私 はい。そこが腑に落ちないと、闇雲に動いてしまいそうです。

ヒル 動き出す前に、まずは願望を信じることが大切だよ。ところで、今回、うまくいった要因はなんだったと思う？

私 えーと、**1人でがんばろうとしなかったことですね**。いつもなら、目標のために自分の力だけでなんとかしようとしてしまうんですが、今回は、もう1人の自分からの直感を待ってみました。「どうしたらいいか、ヒントをください」と頼んでみたんです。そうしたら、偶然出かけたイベントで、私が今必要としている人と会うことができたんです。これには自分でも驚きました。

ヒル もう1人の自分を信じて願望をゆだねることができたんだね。人は誰しも無限の可能性を持っている。自分では気づいていない知識や能力を持っているんだ。**そのもう1人の自分に自分の願いをゆだねることで、自分1人でなんとかしようという思いから解放される**。「自分にはできないんじゃないか」という不安もなくなるんだよ。

私 あっ、ほんとにそうです。確かに今回は不安がまったくありませんでした。よくわからないけれど、確信のようなものがありました。それは、もう1人の自分に頼ることができたからなんですね。

ヒル 願望を実現する方法は、もう1人の自分が直感的なメッセージをくれる。だから、願望実現の6つのステップを実行しながら、あとは「私を導いてください」と頼むといいよ。願望や目標に集中していれば、その願いは潜在意識からもう1人の自分へと届き、具体的な計画を教えられるだろう。もちろん計画を教わったあとには、自分の努力で行動していく必要があるけどね。

私 なんだかおもしろいですね。

ヒル そうそうおもしろがってごらん。いくら願ったとしても、もう1人の自分から返事なんてあるわけがないと思っていたら、その願いが実現することはないよ。なんだかよくわからないけれど信じてみよう、くらいの気持ちでやってごらん。

私 だけど、願っても祈っても、もう1人の自分からの直感を感じられないときはどうしたらいいですか？　直感をコントロールすることってできるんですか？

ヒル 待つことだよ。

私 永遠に待つんですか？

ヒル 早く答えがほしい、と焦らないことだね。**直感は、君たちの人知を超えた方法とタイミングでやってくるんだ**。それをコントロールしようとしたり、タイミングをはかろうとすると、直感に気づくことができなくなるよ。

私 焦ってはいけないんですね。確かにこれまでの私は願望を早く叶えたくて焦りすぎていました。

ヒル 焦りは、君たちの感情を揺さぶる悪魔の常套《じょうとう》手段だよ。直感に耳を傾けるには、リラックスした状態や内なる静けさを保つことだよ。焦らずに待つことで、直感がより明確に受け取れるようになり、最適な判断や行動を取ることができるからね。

ここまでのまとめ

- 願望は想像を超えた展開で叶う
- もう1人の自分に頼り、質問を投げかける
- 直感を受け取るのに焦ったりコントロールしようとしない

やってみること

もう1人の自分に「願望実現のための最も適切な方法を授けてください」とお願いする

29

続けることが苦手です。

願望実現を信じることができれば、
苦労して続けるのではなく、
楽しく行動することができるよ。

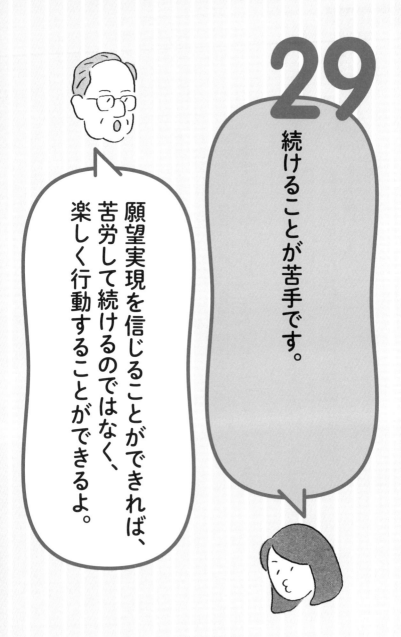

私　ヒル先生、直感を受け取ってもすぐに行動できないことがありますよね。例えば、直感を受け取ったとしても、それが苦労を伴うことだとしたら、ちょっとためらってしまいます。その目標を達成するには時間がかかったり、努力が必要だと思ってしまいます。

ヒル　もちろんだよ。願望を実現するにはときには努力を続ける必要があるよね。

私　でも私、続けることが苦手なんです。がんばるというか、忍耐と言えばいいのか。みんな忍耐なんて嫌いですよ。そんなに苦労するくらいなら今のままでいいやって思うんですよね。願望に向けて動き始めたとしても、あまりの大変さにあきらめてしまう人も多いです。

ヒル　**続けずにあきらめてしまうのは、失敗の最大原因だよ**。行動が辛いと思うのであれば、願望実現の6つのステップを実践していないのかもね。もう一度、第2章に戻って繰り返し読み直したほうがいいよ。

私　どういうことですか?

ヒル　忍耐には、嫌々ながら我慢する忍耐と、好きでやる楽しい忍耐の2つがあるんだ。もし願望がまだもう1人の自分に届いていないなら、直感を受け取ることもできず、その行動は辛いものになるだろう。しかし、願望実現の6つのステップを続け、もう1人の自分から直感を受け取れるようになれば、行動は非常に楽しいものになるよ。他の人には忍耐が必要なように見えることでも、本人にとっては楽しいことなんだよ。

私 えー！　どんなことでも楽しくなるんですか？

ヒル そうだよ。例えば、お金持ちになるには大変な努力が必要だと思うかもしれないけど、実は逆なんだ。**彼らは楽しいことを続けていた結果、大金を手にしたんだ。もちろん、苦労や失敗も経験することがあるけれど、彼らは2度や3度の失敗であきらめたりしない。失敗は、忍耐力のテストのようなもので、立ち向かっていくんだ。**

私 確かに、夢中になっているときは、どんなに大変なことでも、好きで続けてしまいますね。我慢の忍耐というよりは、楽しい忍耐ですね。だけど、どうしたらその状態になれますか？　落ち込んだり嫌になるときって何度もあると思うんです。どうしたら、夢中になって動き続けることができるんでしょうか？

❶ 行動できない
↓
❷ 願望に立ち返る
↓
❸ 深層自己説得をする（信じる）
↓
❹ 行動する

❺ 行動できなくなったら❷に戻る

ヒル　何度も繰り返すが、まずは願望に立ち返ることだよ。自分の目標や願望に心を集中し、その鮮明なイメージを心に描き続けるんだ。どんなに辛い試練があったとしても、君たちがその願望を心から信じていれば、あきらめることは決してない。もう1人の自分は、君たちに不思議なパワーを送り続けてくれるんだ。

私　やっぱり願望を明確にすることなんですね。

ヒル　図であらわすとこんな感じだよ。

私　行動ができなくなったら、**いつでも願望に戻る**んですね。深層自己説得で願望を信じることで、願望に火をつけて動き出す感じですね。

ヒル　そうそう。今すぐ行動する気持ちになれな

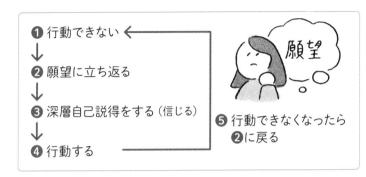

いとしたら、君たちの願望にはまだ火がついていないということだよ。どんなに無気力な状態だったとしても、そこから「抜け出そうという意志」と「抜け出したイメージ」を強くもてば、無気力からも脱出することができる。集中力と想像力を使って願望に火をつけるんだ。

私 ……ほ、ほかにも、やる気が出る方法がありますか？

ヒル マスターマインドの力を借りてごらん。君たちの目標や計画を応援してくれる人を仲間にして、協力してもらうんだ。

私 1人では乗り越えられないことも、仲間がいれば乗り越えられるということですね。

ヒル そうだよ。適切なメンバーをマスターマインドとして選ぶことで、彼らが解決策を提案してくれたり、応援のエネルギーを与えてくれたりするだろう。

私 仲間がいれば、我慢する忍耐ではなく楽しい忍耐になっていきそうです。

ヒル あとはね、想像上の会議もしてごらん。

私 なんですかそれ？

ヒル 自分の尊敬している人たちを招いて、想像上の会議を開くんだ。一緒に夜のディナーをするのもいいね。私の場合は、エジソンやカーネギー、フォードといった偉人たち9人を招いて彼らに相談をしたもんだよ。

私 実際に会議を開いたわけではないですよね？　自分の想像の中でということですよね？

ヒル そうだよ。自分の想像の中で彼らと話しているところをイメージしてみるんだ。会議の内容はその時々によって違ったよ。私の場合、エジソンには自然界の秘密について尋ねたり、カーネギーには成功の黄金律について質問したりしたな。

私 えーーーと、幻覚ですか？（笑）

ヒル 私と彼らの会話は、私の頭の中で想像したことだよ。だが、そこでの会話が私を冒険の道へと連れ出してくれたことは確かだ。私には無限の可能性があることを思い出させてくれたし、行動する勇気ももらえたんだ。

私 これまた不思議ですね。マスターマインドは現実の人だけではなく、想像上の人でもいいということですね。

ヒル　おもしろがってやってごらん。私も最初は彼らの感情や行動を見習いたくて、彼らのような性格を身に付けるためにやりはじめたんだ。しかし、次第にその想像上の相談役が、様々なアイデアや情報を伝えてきてくれるようになった。私だけではなくクライアントの問題にも、想像できない答えをもたらしてくれるようになったんだ。

私　かっこいいからとか、お金持ちだから、有名だから、という基準でなんとなくすごいと思っている人でもいいんですかね？　会ったことがなくてもいいんですかね？

ヒル　その人のことをよく知っておくといいね。会ったことがなくても、その人について調べてみて、話を聞いてみたいと思う人だったら会議に参加してもらうといいよ。

私　願望実現ってそんなふうに楽しむことができるんですね。私も友人も、悩みがあるとすぐに人に相談しがちですが、今度から想像上の会議でも相談してみたいと思います。

ヒル　実際に人に相談するのとはまったく異なる感覚を味わえるよ。それに、相談して返ってきた答えは、紛れもなく自分の中にあったということに驚くだろう。

ここまでのまとめ

- 続けずにあきらめてしまうのは、失敗の最大原因
- 願望を信じることができれば楽しく続けられる
- 悩んだときには想像上の相談役に聞いてみる

やってみること

＊＊行動が辛くなってきたら願望に立ち返る
想像上の会議で相談役に聞いてみる

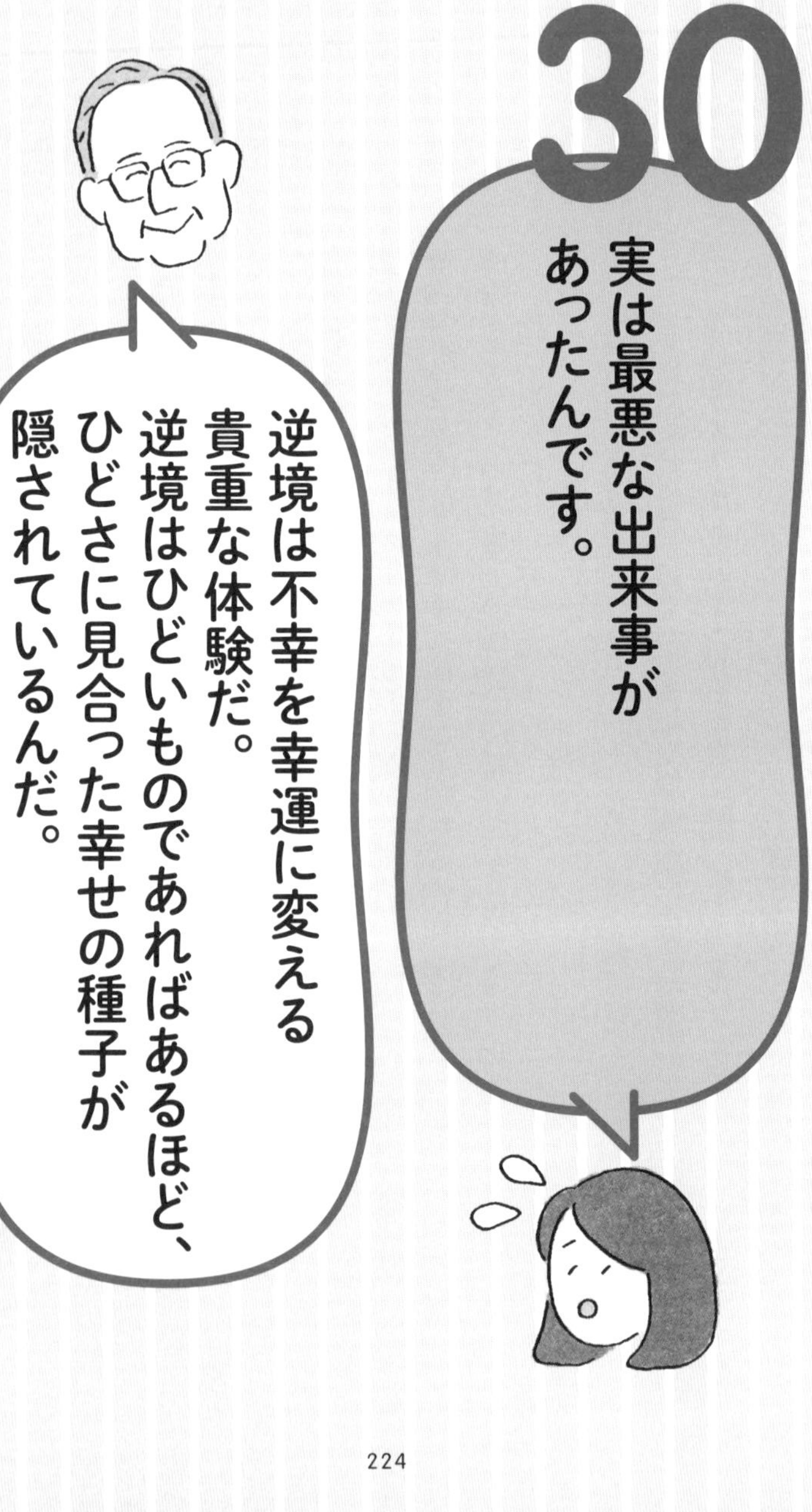
30
実は最悪な出来事が
あったんです。
逆境は不幸を幸運に変える
貴重な体験だ。
逆境はひどいものであればあるほど、
ひどさに見合った幸せの種子が
隠されているんだ。

私　ヒル先生、もうすぐ対話が終わりますね。私たちの質問に答えてくれて本当にありがとうございました。質問をするたびに、新たな気づきがありました。

ヒル　こちらこそ挑戦してくれてありがとう。

私　実を言うと私は、ここ数年間で経験したことのない最悪な出来事の渦中にありました。私は何を間違えたのか、なぜこんなことになってしまったのか……。そう思い悩んでいたときに、先生との対話がはじまったのです。この対話が終わろうとしている今、私の心は軽くなり、次の目標に向かう準備が整いつつあります。私の友人たちも同じような状況です。

ヒル　君が最悪な状況だったことは知っていたよ。どうしたらいいかわからなかったのだろう？　だからこそ、私と出会えたんだ。

私　え？　どういうことですか？

ヒル　最悪だと思われる逆境こそ、最高の恵みなんだ。**逆境には、それがひどいものであればあるほど、そのひどさに見合った、強力な幸せの種子が隠れているんだ。逆境であればあるほど、不幸を幸運に変える貴重な体験をす**

ることができるんだよ。

私　そんな……。では、私に最悪な出来事がなかったら、先生との対話もはじまらなかったというのですか？

ヒル　そうだよ。君に最悪な出来事がなかったら、この本は存在しなかっただろうね。

私　メニエール病が悪化し、夫の会社が倒産したことも、良いことだったと言うんですか？

ヒル　出来事自体には良いも悪いもないよ。しかし、その出来事を通じて、君が流される現状に決別できたことは人生を変える大きなギフトだったね。インパクトのある最悪な出来事でなければ、自分の人生に疑問を抱くこともなかっただろう。

私　うわーっ、衝撃です……。

ヒル　**逆境は成功するための学び場なんだ。**

私　でも、どうしたら逆境を学びのギフトに変えることができるんですか？

ヒル　逆境は流されることをやめる機会なんだよ。君たちは悪魔の声を聞いて、長い間、流される習慣を続けてきただろう。その流れを変えるんだ。社会や親やまわりの声に流されるのではなく、自分の内側の声に従って行動を始めるんだよ。悩み続けるのではなく、「**この出来事は私に何を教えてくれるのか？**」「**あなたは私をどこに導こうとしているのか？**」と、もう1人の自分に問いかけるんだ。

私 つまり、悪魔の声から抜け出し、もう1人の自分の声を聞くということですか？

ヒル そうだよ。逆境は、それまでの目標や計画が間違っていたことを示しているにすぎない。それまで歩いてきた道が行き止まりになってしまえば、その道はあきらめて別の道を行くしかないよね。そうやって、自分の意志で新しい道を歩み始めるんだ。

私 逆境は、不幸を幸運に変える貴重な体験なんですね。だけど、そんなふうに思えないとしたら？　この本を読んでいる人の中にも、今まさに逆境に立たされている人がいると思います。

ヒル **時間を味方につけなさい。時間はあらゆる絶望をいやしてくれる。**時間は心の傷や悲しみを理解や勇気に変えてくれるんだ。

私　時間をおくというのですね。

ヒル　これまでにも何度となく時間に助けられた経験があるだろう？　**今という一瞬ほど、この世で確実なものはない。その一瞬一瞬に、望まない思考から抜け出して、望むことを考えはじめるんだ。逆境は、君の考え方が試される機会でもある。逆境を経験してはじめて、多くの真実に気づくことができるんだよ。**

私　そんなふうに考えたことはありませんでした。

ヒル　それだけじゃない。**逆境があることで、人は見えない力を頼るようになるんだ。**自分の力だけではどうにもならないときに、自分よりも大きなその存在に気づくことができるんだよ。

私　見えない力とは、もう1人の自分のことですか？

ヒル　そうだよ。君だってそうさ。最悪な出来事をきっかけに、もう1人の自分からアドバイスを受け取りはじめた。どこからともなく湧き出てくるこの言葉こそが証拠だよ。望まないことを考えるのはやめて、望むことを考えはじめなさい。もう1人の自分の声は、受け取る準備ができていて、自らそれを求める人間に与えられるんだよ。

ここまでのまとめ

- 逆境には幸せの種子が隠れている
- 内側の声に耳を傾けて人生の流れを変える
- 見えない力に頼る
- もう1人の自分からアドバイスを受け取る

やってみること

＊望まないことではなく、望むことに意識を向ける

＊もう1人の自分の声に耳を傾ける

31

もうお別れですね。
私はこれから1人で
がんばれるんでしょうか？

孤独を感じたら
いつでも願望を思い出しなさい。
自分が望む人生を生きて
まわりに良い影響を
与えていくんだよ。

ヒル さぁ、君たちは今、あらゆる望みや夢を叶える方法を手に入れたよ。あとは実践していくことだ。

私 ヒル先生、お別れは寂しいですが、これからも話しかけていいですよね?

ヒル もちろんだよ。必要なときは、いつでも想像上の会議に呼ぶといい。私は、繋がりを持つあらゆる賢人たちとともに、君たちの人生を導いていくよ。「思考は現実化する」という真理を、君たちの体験を通じて伝えていくよ。

私 1人でがんばれるでしょうか?

ヒル 1人だって? 君たちは、もう1人ではないことを知っているじゃないか。孤独を感じたときにはいつでも「願望」を思い出しなさい。自分が望んでいることを、はっきりと、わかりやすく、声に出して言いなさい。必ず実現するという強い信念を持って、願望を繰り返しなさい。そうすれば、もう1人の自分がいつでも君を守りはじめてくれるんだ。

私 そうでした。私たちはいつでも見えない大きな力に守られているんですよね。それに、悪魔のささやきだって、すべてはもう1人の自分の声を聞くためだと知りました。どんな逆境にあろうとも、すべてが貴重な体験になることも学びました。

ヒル 悲しいことや不安なことがあったとしても、すべては「愛」を知る機会だということを覚えておくといいよ。**悲しみと不安は形を変えた「愛」なんだ**。悲しみを経験した人は謙虚にならずにはいられない。不安を経験した人はやさしくならずにいられない。自分の悲しみや不安を知ることで、相手の悲しみや不安も知ることができるんだ。それが自分と相手に対する愛というものだよ。

私 なんだか泣きそうです。悲しみや不安が愛だったなんて。そう思うと、これまでのあらゆる経験が愛を知るための大切な経験だったと思えてきそうです。

ヒル そうだよ。**どんなに最悪な出来事だとしても、君たちはその経験を通じて愛と強さを身に付けることができる**。どんなに悲しくて寂しいとしても、君たちはその感情を通して、人の感情を理解して、寄り添うことができるようになるんだ。

私 本当にそうですね。そうやって考えると、過去の最悪な出来事の受け止め

ヒル　方も変わってきます。記憶が生まれ変わり、新しい自分になれそうです。

もう1つ大切なことがあるよ。**すべての悲しみや不安は、君たちの生きる情熱に変わるんだ。**悲しい体験は他人の悲しみを軽くしたいという情熱になる。不安な体験は他人の不安を軽くしたいという情熱になる。君たちの体験が、人の体験を後押しする情熱になるんだよ。そして、その情熱が、君たちの魂を成長させていくんだ。

私　どういうことですか?

ヒル　**人生の最高の喜びは、他人の幸せに貢献することだ。**自分が体験を通じて学んだことを、他人の人生に役立てることだよ。もちろん、お金や名声といった願望もあるだろう。それは決して悪いことではない。だが、君たちが真に喜びを感じられることは、自分が愛することで、愛する人を助けることだろう。

私　それは仕事だけではなく、子育てにも言えることですね。自分の経験や学びを子どもたちや友人、身近な人たちに伝えていきたいです。

ヒル　残された時間は、君たちが思うよりも少ないよ。目を覚ましなさい。残りの人生で、自分の思考が現実になることを体験するんだ。そして、それをまわりの人たちに伝えていきなさい。

●考える習慣を持ち、
　自分が何を望んでいるのかをはっきりとさせること
●願望がすでに叶ったかのように想像できるくらい思い描くこと
●期限と詳細な計画を書き出して、何度も声に出して繰り返すこと

これを熱意を込めて繰り返せば、君たちの願望は潜在意識へと伝わり、もう1人の自分からのサポートを感じられるようになるだろう。

私　否定的な考えに苛《さいな》まれて、悩んでいる時間はありませんね。いつでも願望を明確にして、自分の望む人生を歩んでいきたい。そして、その経験を友人たちとわかち合いたい。そう強く思いました。

ヒル　応援しているよ。うまくいくことを信じて進もう。迷ったときにはまたいつでも私の話を聴きにきなさい。君たちが耳を傾けるなら、私も話し続け

るよ。

さぁ、はじめよう。思考を現実化していこう。

ここまでのまとめ

- 悲しみと不安は愛を知る機会である
- それが、他人の体験を軽くしたいという情熱になる
- 人生の最高の喜びは、他人の幸福に貢献すること
- 思考が現実化することを体験したら、人に伝える

やってみること

思考が現実になることを体験し、それをまわりの人たちにも伝えていく

おわりに

ここまで私とヒル先生の対話を読んでいただき、本当にありがとうございました。この本では、私がヒル先生との対話を通じて学んだことや感じたことを書かせていただきました。

『思考は現実化する』は、私のバイブルとも言える本です。この本に出会った当時の私は、夫婦無職で体調も悪かった時期。辛く苦しい時期だったからこそ、ヒル先生の教えが心に響き、言われた通りに取り組んでみようと思いました。

ヒル先生の教えを実践し始めてから、私の人生は大きく変わりました。自分がどこへ行きたいのかもわからない状況から、自分が望む未来へと歩むようになったのです。それは、自分の願望を信じ、「もう1人の声」を聞きはじめたからだと思います。

だから、もしもあなたが今、辛く苦しい状況にあるとしたら、当時の私と同じように「願望はすべての現実の種である」という言葉を信じてほしいのです。悪魔の否定的な声に惑わされることなく、「もう1人の自分」のやさしい声を聞いて行動し続けてほしいのです。願望はすぐに花開くわけではないかもしれません。でも、水を与えて大切に育てることで、いつか望むようなすばらしい大輪の花を咲かせる可能性を秘めています。私たちはその可能性を信じて生きていくことができるのだと思います。

次はあなたがヒル先生と対話をする番です。巻末にはヒル先生の名著を記載しました。ナポレオン・ヒル先生の本に触れ、彼との対話を始めてみてください。ヒル先生の著作は世界中のリーダーや作家たちに影響を与え続けています。そのエネルギーを直接感じてみることで、ヒル先生はいつでもあなたの呼びかけに答えてくれる存在になるでしょう。

最後に、本書の完成にはたくさんの方々の支えがありました。編集を担当してくださった中村悠志さんとＰＨＰ研究所のみなさん、株式会社エス・エス・アイさん、田中孝顕さん、きこ書房さん、アムツム企画のつむぎ句実さん、ＯＣＨＩ企画の越智秀樹さん、美保さん、かわいいイラストを書いてくださった鈴木衣津子さん、いつも励ましとインスピレーションをくださる作家の本田健さん、友人の中澤寿子さん、本当にありがとうございました。また、本書を書くにあたり、一緒にヒル先生に疑問や質問を投げかけてくれた、スピリットＢスクールのみなさんにも心からの感謝を申し上げます。

本を読んでも行動しなければ、思考が現実化することはありません。
そこで、あなたの思考と行動を後押しするプレゼントをご用意しました。「思考が現実化する31日レッスン動画」をＬＩＮＥにお届けします。ヒル先生と私と一緒に実践してみませんか？　下記ＱＲコードよりご登録して受け取ってください。

私の願いは、この本と出会ってくださったあなたが、自分の本当の望みに気づき、それを実現していくことです。もう１人の自分の声を信じて、自分だけの人生を歩み始めることです。あなたの願望が現実になることを心から願っています。

市居　愛

参考文献

ちょっと難しいけど、
全部読んだら、
必ず自分の内側、
ものの見方に変化が
感じられる本です。
ぜひ1度は
読んでみてください。

「私に必要な
メッセージをください」
とページをめくって、
そのページから、
ヒル先生のメッセージを
受け取る読み方も
おすすめです！

快く、ヒル先生との
対話をOKしてくれた、
発刊元のきこ書房さん。
感謝しています！

『思考は現実化する── アクション・マニュアル、索引つき』

2420 円／ A5 版／ 610 ページ／きこ書房

人生を開眼させる世界的名著として、
世界累計1億部の大ベストセラーです。

悪魔が登場するのはこちら

『悪魔を出し抜け！』

1870 円／ A5 版／ 428 ページ／きこ書房

市居 愛 ● いちい・あい
お金と願望実現の専門家。株式会社マザーミー代表取締役。
31歳のときに子どもの育児と仕事のストレスから身体を壊し、メニエール病を発症。
直後に夫の会社も倒産してしまい、子どもを抱えながら、夫婦無職で
お金のない恐怖を体験する。その際、思い通りにならない現実に疑問を持ち、
ナポレオン・ヒルの歴史的名著『思考は現実化する』と出会う。
悩んだ時には本を開き教えを実践したところ、驚くほど願望が叶い始める。
2009年、願望であった独立起業を果たし、お金と願望実現の支援をスタート。
お金や生き方に悩みを持つ8000人以上の人たちをサポートしてきた。
現在は、自分のあり方を探求する「スピリットBスクール」にも力を入れ、
願望実現の支援やコーチ養成なども人気を呼んでいる。4冊の著作は中国、台湾、
韓国など海外でも広く翻訳され、世界を旅しながらグローバルな講演活動も
展開している。主な著書に『お金を整える』(サンマーク出版)、『「お金じょうずさん」の小さな習慣』(PHP研究所)などがある。

ヒル先生、「思考は現実化する」って本当ですか?

2023年10月16日　第1版第1刷発行
2024年4月17日　第1版第2刷発行

著　者 ● 市居 愛
発行者 ● 永田貴之
発行所 ● 株式会社 PHP 研究所
東京本部
〒135-8137 江東区豊洲 5-6-52
ビジネス・教養出版部 Tel:03-3520-9615(編集)
普及部 Tel:03-3520-9630(販売)
京都本部
〒601-8411 京都市南区西九条北ノ内町 11
PHP INTERFACE https://www.php.co.jp/
組　版 ● 有限会社エヴリ・シンク
印刷所 ● 株式会社精興社
製本所 ● 株式会社大進堂

ISBN 978-4-569-85556-1